‖生活在古代文明‖

中世纪
生活在城堡里

[英]诺曼·班克罗夫特·亨特　编

马成艺　译

上海科学技术文献出版社
Shanghai Scientific and Technological Literature Press

目 录

概述

历史上的中世纪 　　　　　　　　　　6
中世纪为我们做了什么 　　　　　　7
地貌与气候 　　　　　　　　　　　8
中世纪欧洲简史：公元 800 至 1450 年 　10
大事年表 　　　　　　　　　　　　12

第一章　为封建君主效力

终身义务 　　　　　　　　　　　　14
中世纪早期村庄 　　　　　　　　　16
农业年中的农民生活 　　　　　　　18
中世纪的地方政府 　　　　　　　　22
庄园住宅 　　　　　　　　　　　　24

第二章　城堡生活

早期封建城堡 　　　　　　　　　　26
中世纪的石头城堡 　　　　　　　　28
被围困的城堡 　　　　　　　　　　30
城堡的建造 　　　　　　　　　　　32
城堡里的工作 　　　　　　　　　　35
贵族家庭 　　　　　　　　　　　　36
武装人员 　　　　　　　　　　　　38
骑士之路 　　　　　　　　　　　　40
骑马比武——骑士的运动 　　　　　42

第三章　教会的力量

教父 　　　　　　　　　　　　　　44

坚定的信仰 　　　　　　　　　　　46
祈祷与劳作——修道院 　　　　　　48
行医济世的修道院 　　　　　　　　50
筑建神之家 　　　　　　　　　　　52
哥特式教堂——触摸天堂 　　　　　54
毁灭性的瘟疫——黑死病 　　　　　56

第四章　中世纪的城镇生活

城镇的发展 　　　　　　　　　　　58
新兴中产阶级——自耕农 　　　　　61
新兴中产阶级——市民 　　　　　　62
市民的房子 　　　　　　　　　　　65
百花齐放的着装风格 　　　　　　　66
商人联合 　　　　　　　　　　　　68
教育和大学的兴起 　　　　　　　　70
书籍和新文学 　　　　　　　　　　72
杂乱无章的法律 　　　　　　　　　74
罪罚相当 　　　　　　　　　　　　76
城镇客栈 　　　　　　　　　　　　78
市集上的娱乐活动 　　　　　　　　80
货币制度与银行业 　　　　　　　　82
城镇的商业贸易 　　　　　　　　　84
国际化的羊毛贸易 　　　　　　　　88
艰辛的旅程 　　　　　　　　　　　90
中世纪港口 　　　　　　　　　　　92

附录　术语表 　　　　　　　　　94

中世纪：生活在城堡里

历史上的中世纪

概 述

中世纪为我们做了什么

中世纪往往被描绘成是有着雄伟城堡、侠义骑士及淑女伴身的浪漫时期。但这也是一段农民开始通过自己的努力维护自身权利的时期。

虽然这仍是一个迷信的原始时代，但中世纪奠定了现代城市及其治理法则的基础，带来了现代民主的开端、货币经济的回归、第一批银行和第一批在印刷机上大量生产的实体书籍。还有商人、中产阶级，他们开着危机四伏的小航船，推动着对这个世界前所未有的探索。

中世纪：生活在城堡里

地貌与气候

从多雨的大西洋海岸到俄罗斯内陆的边缘，西欧这片土地被山脉和大河分隔成了不同区域。

欧洲气候的东西南北差异很大。从波罗的海到地中海的温度梯度是极大的，且越往南气温越高。东部地区因为来自北部冻土地带的盛行寒风，使得冬季寒冷刺骨、夏季则干燥炎热。然而，在大西洋沿岸，因为海洋的调节效应，温度变化较小。

欧洲中部和东部地区的国家被比利牛斯山脉、阿尔卑斯山脉以及德国中部高地山脉遮蔽，与面朝大西洋的国家相比，其平均降水量要少得多。因此，欧洲西北部更适合种植粮食、蓄养牲畜。英国最适合养羊，而法国则是极佳的粮仓。

这些山脉对于气候和文化都有着很大的影响，它们将各个地区自然地分隔开来。它们同样也是欧洲各条大河的分水岭，中世纪大部分的贸易都是沿着这些河流完成的。

在我们故事的开头，除却西班牙高原上较为干旱的地区，将近百分之八十的欧洲都被森林所覆盖，仅有的几条道路只是泥泞小径，几乎所有人都以这样或那样方式参与到农业中来。极少数的小城市中居民并不多。大部分人都住在分散的村庄里，这些村庄的总人口通常不超过100人。中世纪初期的这一切，都将发生改变……

1. 都柏林
2. 伦敦
3. 汉堡
4. 哥本哈根
5. 奥斯陆
6. 斯德哥尔摩
7. 雷瓦尔（塔林旧称）
8. 里加
9. 但泽
10. 吕贝克
11. 卡昂
12. 鲁昂
13. 巴黎
14. 科隆
15. 法兰克福
16. 慕尼黑
17. 波尔多
18. 里昂
19. 巴塞尔
20. 苏黎世
21. 阿尔勒
22. 热那亚
23. 米兰
24. 威尼斯
25. 拉科鲁尼亚
26. 波尔图
27. 里斯本
28. 加的斯
29. 托莱多
30. 马拉加
31. 巴伦西亚
32. 巴塞罗那
33. 卡利亚里
34. 佛罗伦萨
35. 拉韦纳
36. 罗马
37. 那不勒斯
38. 巴勒莫
39. 锡拉库扎
40. 巴里
41. 爱尔兰
42. 苏格兰
43. 英格兰和威尔士
44. 法国
45. 德国
46. 丹麦－挪威
47. 瑞典
48. 波罗的海诸国
49. 立陶宛
50. 意大利
51. 匈牙利
52. 巴尔干半岛诸国
53. 巴利阿里群岛
54. 北海
55. 波罗的海
56. 亚得里亚海
57. 大西洋
58. 地中海
59. 爱奥尼亚海
60. 第勒尼安海
61. 西班牙

概 述

中世纪：生活在城堡里

中世纪欧洲简史：公元800至1450年

虽然本书介绍了从法兰克王朝后期（约公元800年）到文艺复兴初期（约公元1450年）的整段历史，但主要详细讲述了两个时期——从公元1000到1200年和从大约公元1350到1400年的"完美"时期。

罗马王朝衰落之后，欧洲在随后的几个世纪经历了历史上最为黯淡的时期，相继被不同的入侵者占领。基督教几近灭绝，有赖于与世隔绝的凯尔特和地中海修士的保护才得以传承了下来。

哥特人、撒克逊人和法兰克人纷纷在西欧建立王国。最终由位于西北部的法兰克人统治，局势稳定下来。穆斯林入侵西班牙之时，法兰克人归附基督教。在中世纪的大部分时期，伊比利亚半岛的许多地方都掌控在这些"摩尔人"的手中。

神圣罗马帝国的统一

法兰克王国的墨洛温王朝和加洛林王朝统治期间，穆斯林中止了扩张的脚步。在查理大帝（约768—814）的统治下，西欧在文化和政治上都达到了一定程度的统一。虽然时间很短，但这种统一受到了罗马天主教会的支持。

公元800年，教皇利奥三世为查理大帝加冕，查理大帝成为罗马皇帝，神圣罗马帝国由此建立。这一具有政治意味的举动使得西欧同东方拜占庭王国分裂开来。东方拜占庭国王自称作为古罗马统治者的直接继承者，对整个欧洲拥有主权。

接下来的几个世纪，神圣罗马帝国的国王们和后来的法国国王们相互争夺对于意大利的统治权，有时候他们会与教皇结盟，有时候又会与教皇对抗。

起初，意大利的大部分地区都是受另一支日耳曼"野蛮"种族——伦巴第人统治的。很快，南部地区就被诺曼人所侵占，并成为诺曼人、拜占庭人和日耳曼人争斗的战场。

诺曼人和封建制度

诺曼人是维京人的后代。大约在公元900年，维京人在法国塞纳河河口附近地区定居。他们创立了诺曼底公国，表面上其从属于法兰克王国，但实际上基本是独立的。

十字军东征是中世纪一件具有决定性作用的事件。从1096到1291年将近200年的时间里，欧洲倾其贵族、骑士以及成千上万的武装随从进行东征，想要从穆斯林手中收复圣地耶路撒冷，但最终以失败告终。最为悲惨的一个事件是1212年的儿童十字军东征，大部分孩子还未走出意大利，就沦为奴隶或被饿死。

诺曼的冒险者们约在1050年开始入侵意大利。1066年，大名鼎鼎的诺曼底公爵威廉征服英格兰，结束了盎格鲁-撒克逊人建立的王朝。诺曼人和他们的安茹王朝继承者们都是出色的城堡修建者，在欧洲各地引发了一阵大兴土木的热潮，几乎在每一座适合修建的山头都会看到石塔的存在。

诺曼人把封建制度发展到了顶峰（参见第14页）。这一社会制度一直延续到了中世纪的末期。后来由商人和手工业者构成的中产阶级日益壮大，封建制度因他们的需求最终被推翻。

封建制度曾扎根于整个西欧，但其实际运作方式则因地区而异。法国和英国的制度相似，而在分裂割据的德国，农民类似于奴隶一样受到统治者们的压迫。地方的统治者对于最高统治者——神圣罗马帝国国王敬而远之。神圣罗马帝国国王是由选举产生的，这在中世纪的欧洲是独一无二的。

斗争中的法国

中世纪时期的法国，国王一直竭力想要控制实际上独立的贵族们。想要夺回英国人手中占有的大量原法兰克王国的资源，就需要团结起来。

这些资源包括世袭的诺曼领土，也包括之后安茹王朝（或金雀花王朝）时期所控制的领土。安茹王朝源于法国西南部，因英法两国联姻发展而来。

在国王的加冕礼上，教皇或大主教为国王涂圣油。圣油象征着国王已经从神的代表那里得到了神的恩典。同时也宣示了教皇对于国王的统治权，这是整个中世纪许多冲突的根源。

最终，法国国王掌握对贵族们的控制权，进行了百年战争（1337—1453），赶走了法国领土上的英军。

迅猛发展的城市化

虽然各地区在民族、语言和文化上存在差异，但整个欧洲还是有许多相似之处的。罗马天主教会拥有很大的决定权，而且至少在理论上，从农民到国王，每个人都应当效忠于罗马教皇，并视其为教会的精神领袖和神在人世间的代表。

在公元8世纪，欧洲的大部分地区都被丛林覆盖，人口稀少且分散，大部分农民都被束缚在其领主的土地上。到了中世纪末期，欧洲发生了翻天覆地的变化。大部分的森林都消失了，它们被开发为牧场，并为城镇建设、日益增多的商船和不断壮大的海军提供木料。

城镇成了经济和文化的主导力量。从德国到意大利，从英格兰到法国再到西班牙，尽管致富途径各异，但在日益壮大的中产阶级商人的努力下、廉价的劳动力以及德国和意大利北部新式银行的资金支持下，新兴的城镇得以繁荣发展。

欧洲大陆上大学的出现引发了学习热潮，同时这些大学也成为凝聚不同国家的纽带。新知识的发现促生了对古希腊和古罗马学说的发掘，为文化界的文艺复兴开辟了道路。

中世纪：生活在城堡里

大事年表

日期/公元	800	900	1000	1050	1100
人文科技	• 808年，伦巴第的犹太商人开设了第一家银行/金库。 • 861年，维京人发现了冰岛。 • 890年，发明了钉马蹄铁的技术。	• 910年，克吕尼修道院于法国建成。 • 962年，圣伯纳德救济院于瑞士成立。 • 993年，奥拉夫·舍特科农成为第一位信奉基督教的瑞典国王。	• 千禧年的开端造成大范围的恐慌，人们认为审判日要到了。 • 公元1000年，列夫·埃里克森发现了北美大陆。 • 1027年，圭多·阿雷佐创立了音阶。	• 1050年，威尔士史诗《马比诺吉昂》写成。 • 1052年，伦敦威斯敏斯特修道院工程开启。 • 1066年，哈雷彗星出现的景象被记录并绣在了贝叶挂毯上。 • 1075年，破坏了神圣罗马帝国权威的册封权斗争开始（一直到1172年）。 • 1078年，伦敦塔工程开启。 • 1087年，中世纪第一份调查记录，《土地调查清册》汇编成册。 • 1098年，第一座西多会修道院在法国西多创立。	• 1110年，第一部奇迹（受难）剧上演。 • 1115年，圣·伯纳德在克莱尔沃修建了一座修道院。 • 1120年，现存最早被记录的贸易行会。 • 1128年，教皇正式认可圣殿骑士团这一宗教军事团体。 • 1132年，在巴黎具有革命性意义的哥特式圣德尼斯修道院大教堂开始修建。 • 1145年，沙特尔主教堂按照哥特式风格修建。 • 1147年，历史记载中首次提及俄罗斯。
军事政治	• 800年，查理大帝被加冕为罗马皇帝。 • 814年，维京人袭击法国海岸，南至卢瓦尔河河口处。 • 844年，肯尼斯·麦克阿尔平恩统一了苏格兰。 • 871年，丹麦人袭击了盎格鲁-撒克逊人的韦塞克斯王国。 • 878年，阿尔弗雷德打败了丹麦人，英格兰分裂为北方的丹麦法区和南方的韦塞克斯王国。 • 887年，维京舰队围困巴黎，但被胖子查理（查理三世）赶走。	• 907年，马扎尔人进入德国。 • 911年，法兰克人将塞纳河河口小块区域划分给维京海盗首领罗尔夫（罗洛·甘杰），后者建立了诺曼底公国。 • 955年，莱希菲尔德之战结束了马扎尔人对西欧的威胁。 • 964年，首次记录了德国哈茨山脉的银矿开采业。	• 1012年，教会首次迫害异教徒。 • 1014年，丹麦人征服英格兰。 • 1015年，诺曼人充当意大利雇佣兵。 • 1028年，纳瓦拉吞并西班牙卡斯蒂利亚地区。 • 1040年，马里的麦克白在苏格兰埃尔金的战役中杀死了邓肯。	• 1053年，诺曼王国在意大利南部建立。 • 1057年，苏格兰国王麦克白被其敌人马科姆杀死。 • 1066年，诺曼底的威廉公爵在黑斯廷斯打败了哈罗德国王，征服了英格兰。 • 1072年，诺曼人开始征服西西里岛。 • 1081年，穆斯林失去对西班牙托莱多的控制权。 • 1096年，第一次十字军东征开始。 • 1099年，十字军占领耶路撒冷。	• 1135年，布洛涅的斯蒂芬在其舅舅亨利一世死后夺取了（英格兰）王位，内战爆发。 • 1138年，德国霍亨斯陶芬王朝开启。 • 1149年，第二次十字军东征以失败告终。

十字军城堡的最高点——骑士城堡。

概 述

1150	1200	1250	1300	1350	1400	1450
• 1167年，牛津大学在英格兰成立。 • 1168年，爱情诗《兰斯洛特》写成。 • 1170年，主教托马斯·贝克特在坎特伯雷大教堂被谋杀。 • 1180年，出现现存记载最早的西欧风车。 • 1186年，法国寓言故事《列那狐》写成，影响了后来的作家。 • 1189年，首个弗罗林货币在佛罗伦萨铸成。 • 1190年，条顿骑士团成立。	• 1200年，剑桥大学成立。 • 1203年，沃尔夫拉姆·冯·埃森巴赫在《帕西法尔》中写到了骑士和骑士制度。 • 1209年，亚西西的方济各创立了方济各修士会。 • 1210年，戈特弗里德·冯·斯特拉斯堡创作了《特里斯坦与伊索尔德》。 • 1218年，丹麦有了欧洲的第一面国旗。 • 1224年，意大利那不勒斯大学成立。 • 1249年，罗杰·培根首次记录了欧洲的火药。	• 1252年，开始铸造金币。 • 1267年，画家乔托诞生在意大利的佛罗伦萨。他是文艺复兴时期的首位新派艺术家。 • 1271年，威尼斯人马可·波罗开始了长达24年的中国之行。 • 1277年，英国哲学家罗杰·培根因"异端"罪名入狱。 • 1285年，浪漫主义诗歌《罗恩格林》问世。 • 1290年，发明眼镜。 • 1270年，第一批机械表的出现被记录下来。	• 约1300年，但丁的《神曲》写成。 • 1304年，意大利诗人和人文主义思想家弗朗西斯科·彼特拉克诞生。 • 1305年，乔托在意大利帕多瓦绘制了壁画。 • 1313年，意大利人文主义作家乔万尼·薄伽丘诞生。 • 1334年，位于法国阿维尼翁的教皇宫开始修建。 • 1344年，汉萨同盟控制了波罗的海的贸易。 • 1346—1350年，大约有2400万人死于黑死病。	• 1350年，在欧洲大部分地区肆虐的黑死病结束。 • 约1350年，热那亚出现第一份航海保险。 • 1380年，汉斯·富格尔在德国奥格斯堡建立了一家银行。 • 1346—1400年，杰弗里·乔叟写成《坎特伯雷故事集》。 • 1367年，英国国王首次用英语而非法语在议会发表演讲。 • 1369年，巴士底狱要塞城堡开始于巴黎修建。	• 1412年，意大利建筑师菲利波·布鲁内莱斯提出了透视法原则。 • 1414年，佛罗伦萨的美第奇家族成了教宗银行家。 • 1429年，圣女贞德解救了被围困的奥尔良。 • 1434年，葡萄牙海员们在非洲西海岸探险。 • 1452年，列奥纳多·达·芬奇诞生。	
• 腓特烈一世，巴尔巴罗萨（1152—1190）成为神圣罗马帝国国王。 • 1162年，腓特烈一世巴尔巴罗萨劫掠意大利米兰。 • 1171年，英格兰国王亨利二世正式吞并爱尔兰。 • 1187年，萨拉丁为穆斯林夺回了耶路撒冷。 • 1189年，第三次十字军东征宣告开始。	• 1204年，第四次十字军东征转向劫掠君士坦丁堡。 • 1213年，英格兰国王约翰同意英格兰成为罗马教皇领地。 • 1215年，英格兰国王约翰签订了《大宪章》，形成了议会制度的雏形。 • 1233年，教皇下令建立宗教审判所来终结异教。	• 1261年，拜占庭人从衰落的拉丁帝国手中收复了君士坦丁堡。 • 1291年，穆斯林军队攻下了阿卡城，这是基督徒在巴勒斯坦的最后一个据点，标志着十字军东征战果的消失。 • 1295年，爱德华一世的"模范议会"召集了来自英国各个郡和城镇的骑士和市民前来参与政府决策。	• 1305年，教皇从罗马迁至阿维尼翁。 • 1305年，苏格兰反叛者威廉·华莱士被英格兰人抓获并处死。 • 1314年，罗伯特·布鲁斯在班诺克本打败了爱德华二世，使得苏格兰独立。 • 1315年，瑞士军队在莫尔加滕打败哈布斯堡王朝军队。 • 1337年，英法百年战争开始。 • 1348年，德国迫害犹太人事件频发。	• 1356年，英国在普瓦捷会战中打败法国，百年战争暂停。 • 1369年，英法百年战争再次打响。 • 1381年，瓦特·泰勒领导英格兰农民起义。	• 1400年，欧文·格兰道尔自封为威尔士亲王，并反叛英格兰。 • 1415年，在阿金库尔战役中，英国打败法国，取得决定性胜利。 • 1431年，圣女贞德被英国人在鲁昂烧死。 • 1453年，法国在卡斯蒂亚打败英国，英法百年战争结束。 • 1455年，英国兰开斯特家族和约克家族之间的玫瑰战争开始。	

第一章
为封建君主效力

终身义务

面对敌人的围困——东面的马扎尔人、南面的摩尔人、北面的维京人，法兰克人已经建立了一个可以抵御外来威胁的社会与军事制度。这一结构体系被称为封建制度。

"封建"（feudal），或称"封地"（fief，本意为庄园、地产），来源于拉丁词"feudum"。封地指的是个人以对其封建领主的效忠和军事义务而换取得来的一块土地。封建制度的根源可追溯至罗马帝国后期蛮族入侵时期。

根据罗马法，以履行一定的义务来获得一块土地是常见之事。但下级对其上级的效忠宣誓（表示忠诚的誓言）则是日耳曼部落的传统。封建制度则是将这两种做法简单地结合了起来。

封建制度是一座金字塔。国王或者公爵在顶端，农民群众在底部。从上到下，封建制度以服兵役为基础。国王或公爵之下，是有权势的贵族——伯爵、男爵等，再往下是众多地位较低的骑士。

有偿保护

小领主和骑士是骑乘战士，他们需要有供给马匹、盔甲和装备的财力，且大部分时间都在服兵役。

作为回报，他们的封建君主授予他们土地作为封地，其中包括住在那里的所有农民。这些农民被称为农奴或佃农，他们实际上是其领主的奴隶，在土地上辛勤劳作以创造财富供骑士完成其封建义务。

在战争时期，骑士会征召其许多农奴，拿起武器，作为步兵为国王或公爵打仗。这种强迫性的征募也属于农奴对其领主的义务。作为回报，领主必须保护他的农奴，以便他们可以安全地播种和收割庄稼、养育孩子。

上层的仆人

在饱受战争摧残的中世纪，自由农民无法保卫自己的土地，所以很多人会寻求骑士的保护。不幸的是，这意味着他们要放弃自己的自由人身份成为农奴，但这样做至少能够保证他们的生存。

虽然骑士的封地理论上是由国王或公爵授予的。但实际上，在面临大规模入侵时，很多小骑士因缺乏防御的资源而无法保卫其领土。在这种情况下，他们往往把自己的土地上交给一个更强大的伯爵或男爵。然后，大领主会再将封地重新授予给骑士。骑士便成了大领土的封臣或臣民（"封臣"一词"vassal"，来自拉丁语"vassus"，意为"仆人"）。

理论上，国王是封建君主。但事实上，贵族们在其封地上是至高无上的，许多国王是有名无实。贵族们管理他们自己的土地，主持公正，征收税费和通行费，并要求他们的封臣服兵役。通常，贵族们可以调集比国王更强大的军队。

分离的天主教会

中世纪时，教会是脱离于封建制度之外的，教会人员不会做国王或贵族的封臣。加洛林王朝的国王们借鉴了部分罗马统治者的治理方法，那就是教会土地享有特权，这些特权一直被保留了下来。

主教可以独立于皇室行使权力。他们也可以决定当地法律的通过与否，还可以在自己的领地上拥有农奴劳作，并在自己认为合适的时候提高什一税。

最左图片：封建制度下的权利金字塔——从显赫的国王或公爵到最卑贱的农奴，等级逐层降低。

中世纪：生活在城堡里

中世纪早期村庄

每块封地的中心都是村庄，即佃农们生活的群落。村庄通常坐落在当地骑士城堡的附近，以便为骑士服务并接受他的保护。

路孚德是一个虚构的但符合真实情况的中世纪早期村庄。村庄的选址有各种各样的原因，但最重要的是城堡坐落在一个横跨河两岸的浅滩上。这里是来自附近海域的驳船行驶的最高点。这条路是古罗马的航路，许多贸易都是沿它而行的。骑士通过向所有经此南来北往的商人收取通行费来积累财富。

路孚德村庄的领主是埃德蒙爵士，他是一位颇有声望的骑士。他的庄园（见"庄园领主"）有一座城堡，城堡的类型是城寨城堡（见第26-27页），是建在村外低缓山丘上的那种简单的城堡。河流交叉处附近的土地在很久以前的罗马时代就被清理过，为农业耕种提供了大量肥沃的土地。

人人皆农民

路孚德村庄总人口数不到一百。几乎所有人都在田里工作，但有些女人和男人也同时在城堡的马厩和厨房里干一些粗活。

有些人是农民，他们从当地牧师或埃德蒙爵士那里租用土地，其余的是埃德蒙爵士的农奴。孩子们也要在地里劳作，最小的一个照看猪和家禽。这里没有学校，因为没有人需要能读会写，需要数的也不过是少量的几只农场动物。

第一章 为封建君主效力

宗教风俗

路孚德村庄有一个小教堂,小教堂的牧师住在教堂旁边的小屋里。他也是城堡的神父,靠收取住在附近教堂土地上的农民的租金、村民的什一税以及骑士给的少量薪俸(薪水)为生。

然而,离村庄一段距离的修道院也提供宗教咨询服务。作为提供医疗服务的回报,那里的修道士会分享骑士的通行费收入并向村民索取什一税(见第48—49页)。

黑暗的森林环绕在村庄外围,将路孚德与几千米外最近的邻村隔离开来。

农民的小屋

发展到这一阶段,路孚德共有大约30个住在简陋小屋中的家庭。这些屋子通常有一两个房间(见第20页),由简单的木质框架构成,里面填满了干燥的草皮;或用抹灰篱笆墙建成——在小树枝编成的框架外覆盖用土壤和牛粪制成的泥浆,干燥后再刷成白色。地板只是将泥土踩实。房子的一部分被分出来作为"畜棚",以便在冬天圈养牲畜。

屋顶是用稻草或灯芯草搭成的。屋子里既没有烟囱也没有真正的窗户。炉膛里的烟从屋顶的一个洞里逸出。家具很少,只有简陋的凳子、一张搁板桌以及地板上由灯芯草、稻草或树叶铺成的床。

1. 年久失修的古罗马时期道路。
2. 横跨河流的浅滩和领主设的收费关卡。
3. 村民的小屋。
4. 小教堂和牧师的小屋,后面是储存什一税农产品的仓库。
5. 领主骑士的城寨城堡的外庭。
6. 本笃会修道院。

庄园领主

"庄园"(manor)一词源自拉丁词"manere"(意为停留、居住)。这个词是指一个封建领主的地产。一个庄园包括一个筑有防御工事的领主宅邸(或城堡)、一个或多个村庄以及多达数千平方千米的土地。这些土地被分成草地、牧场、耕地和森林。

农场土地被分成三份:大约一半给庄园主,大约三分之一给教会,剩下的是农民和农奴的。农民所租的地叫"小农场"。为支付租金,他们每周至少要抽出一半的时间来为领主和教会劳作。

中世纪：生活在城堡里

农业年中的农民生活

四季的转换标记着人们生活的基本节奏。时令决定着他们的劳作内容、劳作时长，也决定着他们吃什么。

这是一个多达百分之九十的人都从事农耕工作的农业世界。天气造就了农奴的生活，也决定了收成，决定了人们是活下去还是因饥荒死去。尽管教会在每年的1月1日庆祝新年的到来，但对于农奴来说，每年的3月25日，也就是中世纪农民的天使报喜节才是他们新年的开始。这是经历了一个冬季的休耕期后，农耕工作真正开始的时候。

但冬季也绝非无所事事。整个12月，人们会忙着修理工具，做一些维护工作，以及照料圈养的牲畜。畜棚中动物的粪便会被贮存起来，和泥灰泥（一种富含石灰的黏土，被用作肥料）混合在一起，然后播撒在田地里。不幸的是，这些肥料也只够给附近的几块地施肥。

春种

农田被分割成了长而窄的条形地块，并分为肥田和休耕田。为了让土壤有时间恢复肥力，田地会有一年的时间休耕。这意味着只有一半的土地能用来种植作物。此时作物轮作的概念方兴未艾，人们不断地提高着产量（见"三圃制"）。

第一次犁耕始于四月，那时土壤足够软，容易翻动。轮式犁用于沙土，但在重黏土区，最好使用板犁。板犁安装在犁右侧的犁铧头后面，它能够将切开的土翻转过来。这种重型犁由多达八头牛或健马牵引，由犁工引导。每个队预计每天犁一英亩地（约4 047平方米）。

犁工后面跟着播种者，播种大麦、燕麦、豌豆和其他豆类。然后再通过"耙"的方式用土将种子覆盖，以达到保护种子的目的。这里使用的实际上是一种大的木质耙子，是在种植过的土地上拖着使用的。

耙用于粉碎土壤并覆盖种子。它有4至6根木梁，这些木梁被称为"公牛"（bulls），通过木质的横梁连接在一起。上面钉着向下突起的木钉以便耙地。

三圃制

二圃制到三圃制的变化是这一时期一个简单的农业改良。农田被分成了三块，第一块种植冬季作物，第二块种植春季作物，剩下的一块休耕，留着第二年备用。这种作物轮作制度使得一个村庄的产量在一年中提高了约三分之一。

改进的马具和马蹄铁的引入也使得耕作队的效率有所提高。马也被更广泛地应用在农耕当中。

板犁能够开出深犁沟，并在犁刀和犁铧头将土表切开后，把土翻过来。

第一章 为封建君主效力

上图为约1050年的手稿，记录了农奴们在八月份拿着锄头和长柄的镰刀收割麦子的情形。

播种者跟在犁工后面将盒子中的种子播撒到土地上。他的后面跟着一个马拖着的耙。还有男孩拿着弹弓驱赶饥饿的白嘴鸦和乌鸦。

播种会一直持续到五月，期间孩子们会用弹弓保护刚播种的种子免受鸟类啄食。只有鸽子是安全的，因为杀死一只鸽子会遭到严重的惩罚。这些鸽子对庄稼造成了相当大的破坏，它们成了令人憎恨的权力的象征。

其他农民照料花园，种植卷心菜、洋葱、韭菜和大蒜等主要食材。也种植用来制作布料、绳子和麻袋的亚麻和大麻。还有食用和药用的草本植物，包括欧芹、茴香、芹菜、甘菊、薄荷、夏香薄荷、假荆芥（猫薄荷）、芥菜、罂粟和芫荽（芫荽叶）。

夏忙

干草制备是六月的主要活动，村子里几乎每个人都会参与其中。干草制备小组使用长柄大镰刀，将草自根部割下。妇女和儿童则跟在他们后面翻动干草，以确保干草能均匀干燥。最后，干草被堆到一起成为大草堆。

干草对一个村庄来说至关重要。它为动物提供主要的冬季饲料。足够的干草意味着冬季可以保证有稳定供应的鲜肉、高质量的种畜，甚至有盈余可供出售。

随着夏日的推进，人们的主要任务又成了用锄头或一对长柄棍子除草。这种长柄棍子的一端有一个"Y"形叉，另一端有一个小镰刀。两者共用，它们可以将地面上杂草的茎秆割掉。

到了七月，农民开始挨饿。这时候的储粮和蔬菜最少，许多农民通过到森林里觅食来勉强维持饮食。一些更大胆的人会偷猎领主的猎物。

收获

天气允许的话，主要的谷物从八月就开始有收获了。好的收成需要几周温暖的阳光和绵绵细雨来供作物生长，但也需要几个干燥晴朗的日子才能收获。

小麦用镰刀收割。从麦穗处割下，长的麦茬留在地里。一个五人小组——四个人负责收割，一个人负责捆缚——一天可以收割两英亩（约8 094平方米）的庄稼。一些农民会拾取收割过程中掉落在地上的任何谷物，这一过程称为"拾穗"。之后会有牲畜被放出来啃食剩余的残株。拾穗权引起了激烈的争论，因为这对于拾获者来说是相当大的好处。

中世纪：生活在城堡里

中世纪法国村庄中采摘苹果的景象。领主和执行官正在督查农奴们采摘苹果的进程。

入秋

到了九月，人们开始采摘其他作物如豌豆和豆类，并加工谷物。首先用连枷（旧时打谷使用的工具）脱粒，将谷粒从谷穗中一颗颗分离出来，然后用风选的方式除去谷壳和稻草，也就是让风吹走较轻的谷壳和稻草。谷糠和稻草会被收集起来用作动物饲料。教堂的什一税，即收成的十分之一，是在农民将谷物拿到领主的谷仓前在地里时就征收的（见第23页）。小心储藏并远离害虫的话，谷物便能够存放好几年，但这是一项艰巨的任务。由于面粉更难储存，所以只有在制作面包时才会碾磨谷物。

将近9月底以及整个10月，猪倌会把他们的猪赶到树林里觅食橡籽，这是一种使它们变肥以便屠宰的方法。圣马丁节（11月11日）是一个传统节日。在这一天，人们会将猪和年老的牲畜屠宰并腌制，为过冬储备肉食。

这些被宰杀的动物一点也没被浪费。肉成为肉食，大部分是通过腌制或烟熏来保存的。表皮被加工处理（并储存）成坚韧的皮革，骨头被烘干制成缝衣针和别针，或者被煮成胶水。甚至血液也被小心翼翼地保存起来，制成血布丁。

11月中旬是到森林中拾柴的时候。除了枯木之外，农奴不能拿走森林中的其他任何东西供自己使用，而且可拿走的枯木的数量也是有限制的。他们从河流草地最潮湿的部分挖出泥炭，堆积起来晾干，以备冬季取暖。其他农奴则将芦苇割下晒干，用于搭建茅草屋顶。

在修整耕地为来年的播种做准备之前，前一年的收成将决定人们在接下来的数月寒冬里生活的好坏。

1. 由稻草或芦苇搭成的屋顶，有一个开口用来排烟。
2. 抹灰篱笆墙。
3. 简单的家具陈设：三脚凳、搁板桌和地上稻草铺成的床。
4. 分隔畜棚的墙。

奶酪模具和黄油搅拌桶。黄油由新鲜的牛奶制成，但是奶酪凝块则需要在模具中完成发酵。

猪被放出去觅食。

中世纪农民的饮食

农奴或农民的日常餐食是固定的。主食是粗糙的没有发酵的黑面包、豌豆粥和一种被称为"炖菜"的块根蔬菜浓汤。炖菜是由燕麦制成的汤类炖煮菜肴，偶尔用豆类、芜菁、欧洲防风草（一种萝卜）或韭菜调味。

他们的食物中几乎没有肉，大部分蛋白质是从由牛奶制成的黄油和奶酪中获得的。因为任何新宰杀的动物的上等肉都会送到庄园主那里，留给农民的只有骨头和软骨。他们的牙齿因啃食骨头和咀嚼粗粮而变得残缺。粗粮中经常含有磨面粉时带入的沙砾。

餐食之外

尽管工作日几乎没有空闲时间，但还是有一些人设法在傍晚时分溜到河边，希望能钓到鱼。鱼可以油炸或炖煮；也可以熏制或腌制，以备冬季食用。

佃农可以在菜园里种植莴苣、豆类、萝卜、胡萝卜、芜菁和洋葱等时令蔬菜。大多数佃农会养几只骨瘦如柴的鸡，它们下的蛋很小。但是农奴只能从各种野生鸟类的巢中取蛋——从天鹅到麻雀。果树和灌木上会长出苹果、梨、李子和浆果，但是大部分都会供给领主或牧师，只有少量的水果会出现在农民的餐桌上。

麦芽酒是较为常见的饮品。它是一种用粮食和水酿造，并用酵母发酵的酒精调制品。在一些地区，也有价格更为昂贵的啤酒。中世纪的麦芽酒和啤酒的区别在于，啤酒中加入了啤酒花来调味。

农民的服饰

农民和农奴的衣服通常由粗羊毛或亚麻纤维制成。女人把羊毛纺成线，织成粗布。很少有一个农民能拥有两套以上的衣服。

男人穿及膝短袍，搭配长袜或紧身裤，而女人则穿长袍，外套无袖上衣，头裹简单的头巾。冬天人们则会穿羊皮披风、羊毛帽子和连指手套来御寒。一些有钱人还会穿亚麻内衣来保护他们的皮肤免受粗糙外衣的摩擦。

布料的底色是黄褐色（棕色），所以大多数衣服是褐色、红色和灰色的单调组合，很少有变化。男人和女人都穿木屐或用厚布、皮革制成的鞋。皮靴底部安有木质底盘（木板），以保持脚部干燥。小孩的衣物则是他们父母衣物的缩小版。

外衣几乎从来不洗，但是亚麻内衣会经常洗。上衣和紧身裤散发出汗味，还沾染了那通风不良的小屋里弥漫的烟火气息。

女人们在农场的小菜园里种植时令蔬菜。

中世纪：生活在城堡里

中世纪的地方政府

受压迫的农民和被奴役的农奴，因为对领主和教会的义务而更加负担沉重。领主和教会都依靠地方政府来确保人们努力工作、遵守规章和缴纳税收。

在诺曼人于1066年征服英格兰之前，日耳曼的盎格鲁-撒克逊人居住在叫作"图恩斯"（tuns，城镇"town"一词由此得来）的农村社区。一个图恩斯由十户家庭组成，称为"十家区"（tithings或tens）。然后，每十个十家区组成一个街区，称为"百户邑"（hundreds）。百户邑集中起来，又形成了一个地理分区，以盎格鲁-撒克逊词郡（scir）命名，意为"割下的一块"。

诺曼人后来改变了这一单词的发音，"scir"变成了"shire"。他们将郡与郡之间的边界地带作为封地，他们在法国和意大利也是这么做的。

地方长官的职责

盎格鲁-撒克逊人在每个百家区都安排了一名行政官（守护者），诺曼人后来称之为"地方长官"（reeve）。每个庄园的领主都有自己的地方长官来监督农奴的工作，防止任何偷懒和欺骗的行为。贵族大领主的地方长官是一个很重要的职务，因为他要负责整个郡，其头衔便叫作郡地方长官或郡长。

同与其职位相同的人一样，路孚德的地方长官对其庄园领主也有类似警察的职责。他有权组建一支"大叫追缉队"（hue and cry）来追捕小偷和其他罪犯。"大叫追缉队"是一种公众民防团，团里的成员在听到遭遇犯罪的叫喊声后，会受道义驱使加入到对罪犯的追捕中来，直到将其抓获。

地方长官同时也负责监督其领主的税收以及通行费和教会什一税的收取。作为回报，他能够从每项收入中分得一部分，同时也能得到上好的耕地，还有为其劳作的农奴。

教会存放什一税农产品的大仓库是路孚德村最大的建筑之一。牧师将风选过后的谷物带到一个磨坊进行碾磨，且不用付钱。

村民加入了地方长官组建的"大叫追缉队"。

对于做错事的人来说,在村里的上刑枷锁上受刑是痛苦的经历。

教会的角色

教会主宰着每个人的生活,因为它代表了上帝在人间的力量(见第46页)。在中世纪社会的每个阶层,人们都绝对相信天堂和地狱在物质世界真实存在,并被这一信仰所支配。众所周知,死后到达天堂的唯一途径是得到罗马天主教会的祝福祷告,所以每个人都尽最大努力履行对教会的义务。

因此,教会完全控制了人们。其中有一项义务是在教会的土地上无偿工作。对于还要花一部分时间耕作领主土地的农奴来说,生活由此变得更加困难。因为在教会土地上花掉的时间,本是用于耕作他们自己的土地,来生产家庭所需食物的。

宗教税

另外,农奴和自由农民都要向当地教会缴纳其每年粮食产量的十分之一,这种税收形式被称为"什一税"。由于当时并没有流通的货币,所以什一税是用种子、收割的谷物、水果或牲畜来缴纳的。

通过什一税收来的农产品被存放在大的谷仓里。若没能缴税,就可能会被地方长官逮捕,然后受到惩罚。上刑枷锁受刑和鞭刑是常见的惩罚措施。除此之外,牧师还会告诉违反者若不进行宗教苦修,他的灵魂肯定会进入地狱。

从摇篮到坟墓

一个人一生的每个阶段都会有教会参与。即使是最贫穷的人也要花钱请牧师为自己的孩子洗礼,因为未经洗礼的人不能进入天堂的大门。

一直不婚是有罪的,而且婚礼也要花钱请牧师祝福。为了能到天堂,人们死后必须要埋葬在圣地。而教会葬礼对于死者的家属来说则是一笔沉重的开支负担。

不论怎么看,罗马天主教会都在方方面面从人们身上搜刮钱财,实际上,教会的可随意支配收入多到远超国王。而且,这些财富还不用纳税。

一位牧师在婚礼上让一对新人双手相握。中世纪早期,结婚是世俗事务,不需要牧师来主持。但到了14世纪,教会规定在教堂之外结婚是非法的。

中世纪：生活在城堡里

庄园住宅

最有权势的领主住的是大城堡，有旧有的，也有新建的，但都是在国王的许可下修建的。而等级较低的贵族则偏好舒适的庄园住宅。

庄园住宅的大小各异，反映了领主的财富和地位。一个庄园通常包括几座建筑物，农奴在房子周围种植领主所需的食物，并帮他饲养牲畜，整个庄园大体上可以自给自足。由于时局并不稳定，所以庄园住宅往往都筑有防御工事。虽然这些防御工事并不能够抵御军队，但也足以使领主及其家人和奴仆们受到保护，从而免于土匪和小型抢劫团伙的侵害。

1. 厨房是个忙碌的地方，旁边是酿酒屋和烘焙屋。为避免火灾，厨房的建造是独立的，与主楼通过走廊通道相连。
2. 鸽房。
3. 酒类和食品贮藏室，上面是一间客房。
4. 牧师的房间位于大厅入口处上方。
5. 宾客们齐聚在大厅，准备享用宴席。
6. 从大厅旁的楼梯上去，是领主及其夫人的私人卧室。
7. 私人小教堂。
8. 地面库房，是领主存放奢侈品和贵重物品的地方。
9. 沿着院墙一字排开的附属建筑。用以存放物品和武器，以及为奴仆和狗提供住所。
10. 经过防御加固的庄园门楼。

第一章 为封建君主效力

右上图片：斯多克赛城堡的北端，顶部是领主的私人住宅，还有围墙和后期所建的木质架构的门楼（建于17世纪）。从这里向东望去，可以看到大厅。大厅中有连接领主私人住宅和塔楼的独立通道。

斯多克赛城堡

虽然被称为城堡，但英国的斯多克赛是一座设有防御工事的庄园住宅。相比起漏风的城堡，庄园住宅能为领主提供更为舒适奢华的生活条件，斯多克赛城堡便是一个很好的例证。这座城堡的主人是一位富有的羊毛商人。他修建斯多克赛，是为了这座兼具优雅与力量的房舍，可以向他的生意伙伴显示实力。

城堡的南端有一座三层高的塔楼，顶端建有城垛。当有战斗发生时，家庭成员们会撤退到这个安全地带。领主的私人住宅位于北端，包括一间有着很大窗户的日光房（见第33页）。它们都被建在高处从而使袭击者无法够到，下面还设有防卫的射箭孔（arrow slits）。大窗户可以使房间得到充足的阳光照射，但同时又不会降低房子的防御能力。

南北端之间是用以宴请宾客的大厅。大厅装有厚重的木质护窗，在遭遇袭击时能保护里面的人。斯多克赛城堡中还有一堵从北延伸至塔楼的半圆形防御外墙，中间建有一座门楼。在墙外，是引自池塘水的护城壕沟。

庄园住宅的发展

这些规划图展现了同一建筑在不同时期的面貌。房屋刚开始很小，但后来经扩建，领主的家变得愈加舒适。在早期，出于防御的目的，屋子的窗户少且小。随着和平时代的到来，墙上的窗户也越开越多，越开越大。

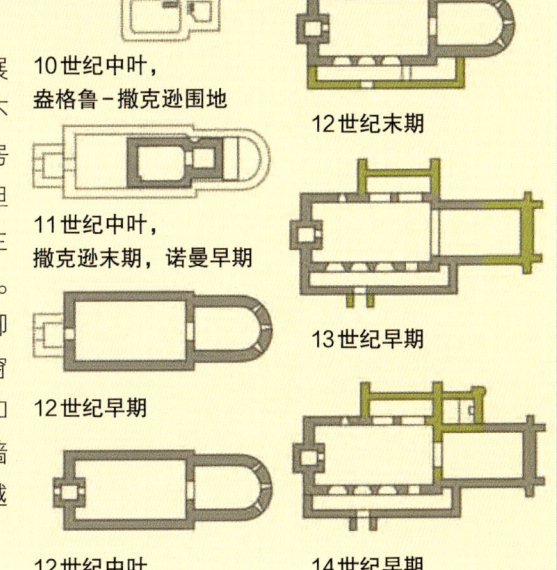

10世纪中叶，盎格鲁-撒克逊围地

11世纪中叶，撒克逊末期，诺曼早期

12世纪早期

12世纪中叶

12世纪末期

13世纪早期

14世纪早期

第二章

城堡生活

早期封建城堡

中世纪早期，罗马人建的防御工事被拆除，石头被用于修建房屋和教会。而在9世纪和10世纪再次出现的城堡都是木质城堡。

图片中所示城堡是典型的最早的诺曼防御工事。当诺曼人征服法国北部、英格兰和意大利时，他们需要能够快速修建的堡垒来抵御怀有敌意的当地人。这些木质建筑物很多都采用了一种被称作"城寨城堡"的形式。

设计者在设计城寨城堡时，人为填起一片较高的土堤，土堤周围是城堡外庭，一个封闭式的防御庭院（bailey）。城堡外庭受到沟渠的保护，从沟渠中挖出的土被垒起，形成陡峭的堤岸。这就提升了攻击者想要到达木栅栏所必须攀爬的高度。木栅栏沿堤岸顶部修建，这种环形工事（通常用于描述城堡外部防御的术语）是将结实的树干打入地下然后固定在一起而形成的。

诺曼式城堡

栅栏内部，一个木制的平台延伸出来形成一条走道，下面的空间有时会填满土块，以加厚木桩的基底。环形工事内部是土堤，通常有15~30英尺（4.6~9米）高，有时外围还有一个环形工事。土堤的顶部是平的，上面还有一座高大的木塔，叫作塔楼（keep）或者城堡主楼（donjon）。

在栅栏装大门的地方，第二块封闭区域形成了城堡外庭。城堡外庭周围有另一条沟渠和栅栏，两座防御工事则通过木质通道或坡道相连。

城堡外庭有一间厨房、谷仓、马厩、牲畜棚圈、木匠和铁匠的工作坊、一个小教堂和一口井，以及领主的家臣和仆人的住处。

利用地形

城寨城堡的具体布局多种多样，依当地的地形特点而定。例如，现成的土山或小丘都可能被改为土堤，除此以外的土堤必定是人造的。一些早期的城堡甚至建在中世纪前的土方工程遗址内，如古老的凯尔特山堡，它为后建的城堡提供了额外的环形沟渠和堤岸。

诺曼人把城寨城堡带到了英格兰。在征服该国后的几个月之内，他们在那里建起很多城寨城堡。然而，这些城堡现在大多数都已经用石头重建，变得更加坚固。

遇到危险时，当地农奴和佃农就将他们的货物和牲畜带到城堡中寻求庇护。

第二章 城堡生活

1. 沟渠中挖出的土，建成了壁垒，上面立着的木栅栏。
2. 城堡的主大门，两侧有防御栅栏的延伸部分。
3. 横跨于主要防御沟渠之上的桥，连接了主门楼和外围城堡外庭。
4. 吊桥可以升起，以防止攻击者进入外围城堡外庭的第二道门楼。
5. 外围城堡外庭，里面有几座供铁匠和木匠使用的房屋、马厩、厨房，还有仆人和工人的住处。
6. 外围城堡外庭的井，通常仅在被围困时使用。
7. 主沟渠将栅栏内的整座城堡完全围了起来。
8. 横沟上方的通道将内外围的城堡外庭连接起来，并设有自己的门楼。
9. 内部城堡外庭，有领主的马厩和武装家臣的住所。
10. 垒起的土堤。
11. 土堤顶部的木质城堡主楼或塔楼。它只在上层设有小窗户，以便更有效抵御攻破所有其他工事、来到这里的攻击者。

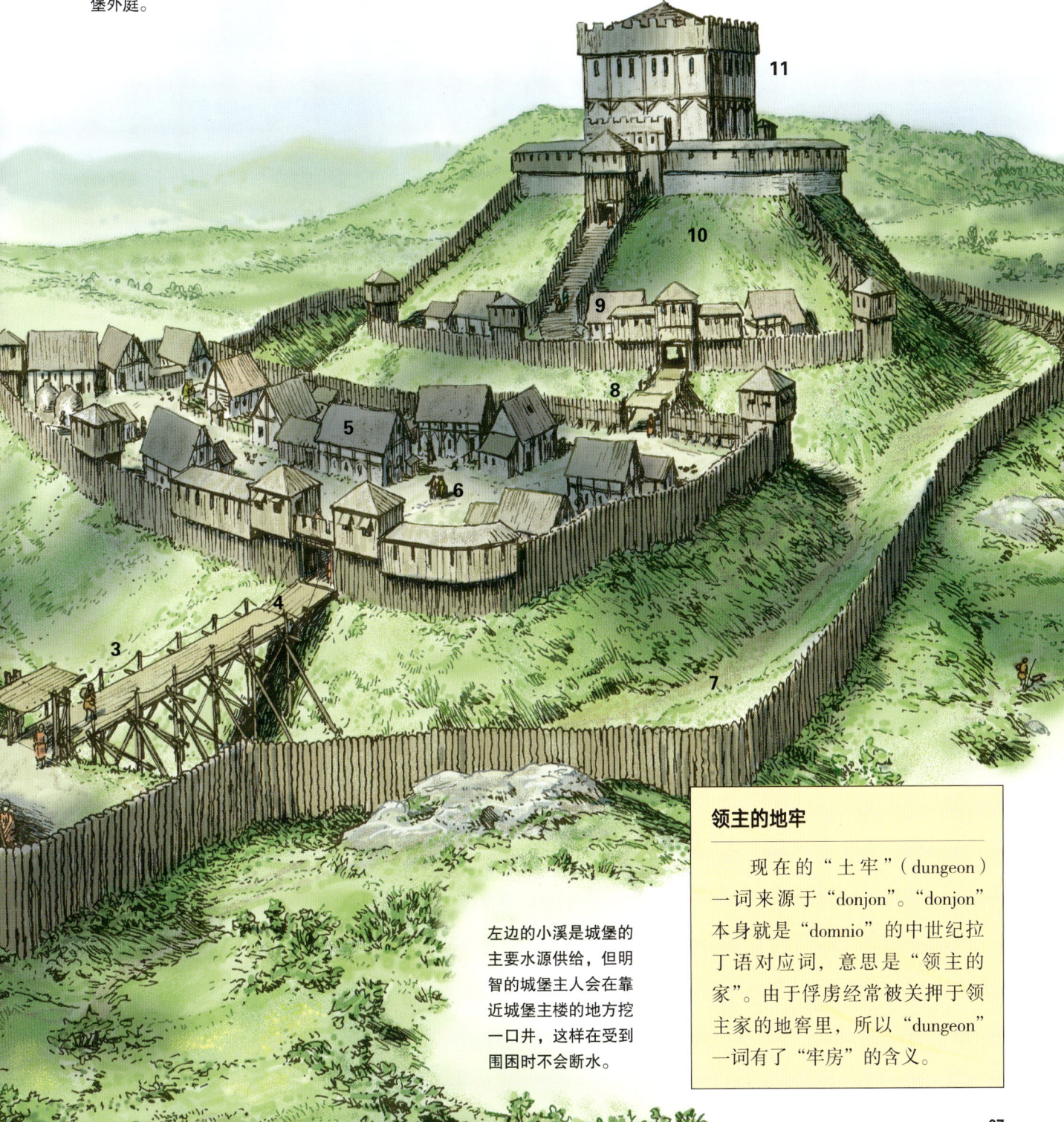

左边的小溪是城堡的主要水源供给，但明智的城堡主人会在靠近城堡主楼的地方挖一口井，这样在受到围困时不会断水。

领主的地牢

现在的"土牢"（dungeon）一词来源于"donjon"。"donjon"本身就是"domnio"的中世纪拉丁语对应词，意思是"领主的家"。由于俘虏经常被关押于领主家的地窖里，所以"dungeon"一词有了"牢房"的含义。

中世纪：生活在城堡里

中世纪的石头城堡

在诺曼人征服英格兰后，几年内诺曼法式的石头城堡取代了早期的木质城寨城堡。

城堡是行政和司法的中心。它们位于战略要地，通常沿着边界、道路或河流而建，或者排成一条线以方便彼此的沟通。有时，建筑者选择一个地点是因为它的地形优势，或者是因为领主希望控制其附近的一块区域，可能这块区域也是从另一个贵族手中抢来的。

一座城堡能俯瞰到半径约为10英里（约16千米）范围内的乡村，这个距离骑马往返需要一天的时间。入侵军队通常会避免扎营战斗，因此会派遣士兵抢劫，养活了自己人却破坏了当地经济。

但是城堡这个要塞可以切断敌人的供应线，并作为集结部队进行反击的基地。这意味着入侵者在攻占城堡之前难以占领任何土地。由于围城耗资巨大，因此城堡可以起到阻止入侵的作用。

在那些贵族或国王之间争议最多的地区，城堡总是更加集中。有几种常见类型的城堡，代表了城堡主人的需求和它们的主要用途。

塔楼式城堡——科尼斯伯勒城堡

这是一个典型的塔楼，只有一个单独的城堡主楼，外围没有广阔的环形工事。在1185至1190年，第三次十字军东征（1188—1192）和理查一世统治期间，（理查的父亲）亨利二世同父异母的兄弟修建了这座城堡。它半圆形的城堡外庭和一个门庭差不多大。

科尼斯伯勒城堡是在英国建立的第一批圆形塔楼之一，其六个突出的楔形扶壁使其显得与众不同，除了其中一个包括小教堂的扶壁之外，其余的五个扶壁通体都是实心的。最下面是拱形地下室，地上有四层，入口在一层。

通常，城堡很少有窗户，大多是狭窄的射箭孔。

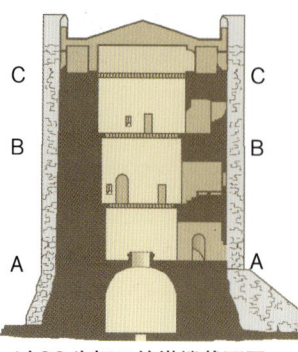

以SS为切口的塔楼截面图

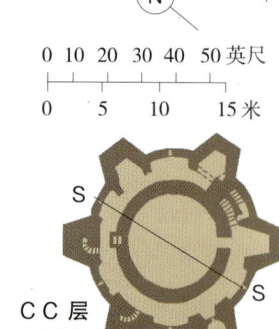

CC层楼面布置图

BB层楼面布置图

AA层楼面布置图

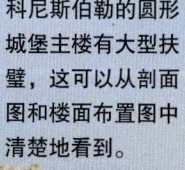

科尼斯伯勒的圆形城堡主楼有大型扶壁，这可以从剖面图和楼面布置图中清楚地看到。

第二章　城堡生活

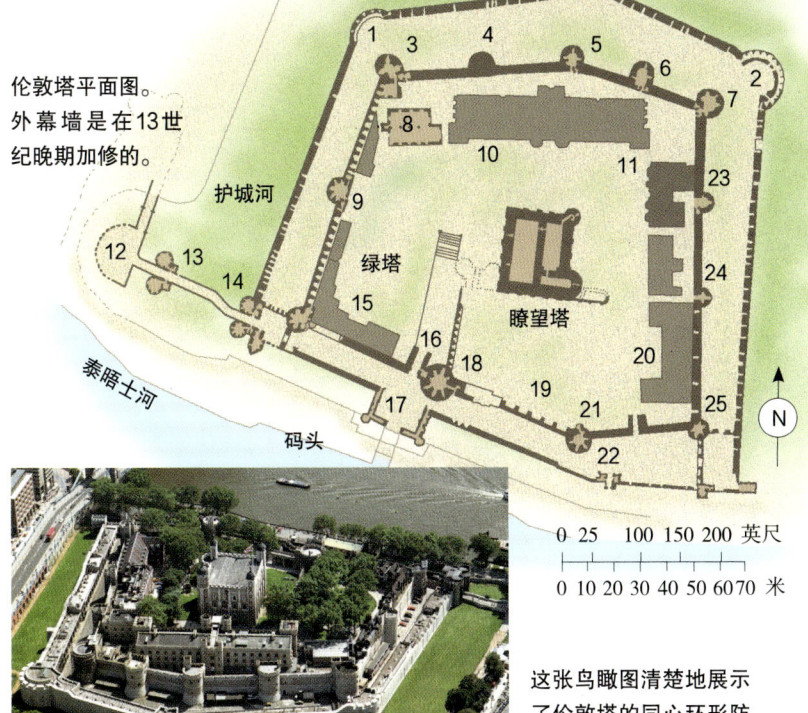

伦敦塔平面图。外幕墙是在13世纪晚期加修的。

1. 莱格峰
2. 布拉斯峰
3. 德弗罗塔
4. 燧石塔
5. 弓箭塔
6. 砖塔
7. 马丁塔
8. 圣彼得德文丘拉教堂
9. 博尚塔
10. 滑铁卢军营
11. 博物馆
12. 狮子塔
13. 中塔
14. 拜沃德塔
15. 女王宫
16. 血腥塔
17. 圣托马斯塔
18. 韦克菲尔德塔
19. 幕墙旧址
20. 罗马时代墙体
21. 兰索恩塔
22. 摇篮塔
23. 巡警塔
24. 宽箭塔
25. 盐塔

这张鸟瞰图清楚地展示了伦敦塔的同心环形防御工事。

同心城堡——伦敦塔

诺曼底征服者威廉于1066年开始建造这座城堡。之后的十年，他开始建造巨大的城堡主楼，由于刷了白色涂料来保护它免受天气的影响，这座主楼被称作"白塔"。

伦敦塔是欧洲最强大的城堡之一，爱德华一世建造了160英尺（49米）宽的护城河和一道环形外墙（1275—1285年建造）。墙内还有皇家造币厂和皇家动物园。

幕墙城堡——勒德洛城堡

在一个幕墙城堡中，围绕着城堡外庭的木质栅栏被石墙——幕墙所取代。有些城堡没有塔楼，通过将唯一的环形防御幕墙造得尽可能壮观来弥补这一缺失。墙上有突出的牢固壁式塔楼，里面的弓箭手可以沿幕墙排开对攻击者进行射击。

位于威尔士边境附近的勒德洛城堡是一系列诺曼城堡之一，旨在守卫乡村，阻挡未被征服的威尔士人。从1085年开始，内城堡外庭被一条岩石沟渠隔开，并用幕墙保护了起来。

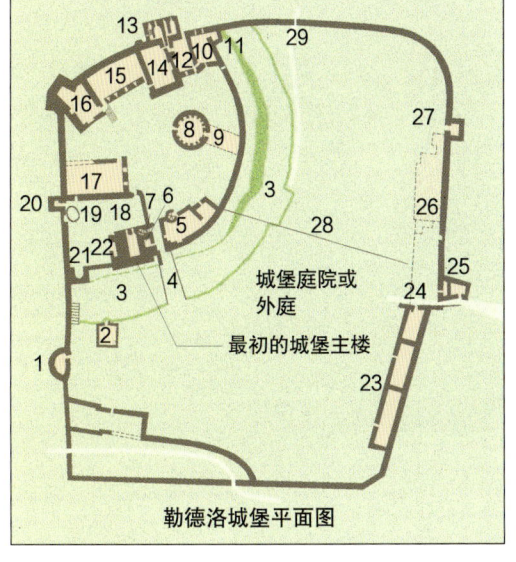

勒德洛城堡平面图

1. 莫蒂梅尔塔
2. 弹药库/冰窖
3. 护城河
4. 桥（最初是吊桥）
5. 亨利·悉尼爵士的房子
6. 门房
7. 通往塔楼的楼梯
8. 诺曼教堂
9. 教堂唱诗班地点
10. 爱德华四世儿子的住所
11. 普通客房
12. 军械库
13. 瞭望塔
14. 国宾楼
15. 议事厅
16. 亚瑟王子塔
17. 厨房
18. 原先为小教堂，后来成为监狱
19. 井[85英尺（约26米）深]
20. 狮穴塔
21. 诺曼塔
22. "黑洞"
23. 马厩
24. 主通道
25. 办公室（火警监视处）
26. 军营
27. 烽火台
28. 横跨外庭的铁栅栏
29. （城堡）出击口

上图：勒德洛城堡与众不同的圆形诺曼小教堂坐落在内城堡外庭中。城堡主楼是英格兰极早的石建塔楼之一，其原先是内城堡外庭早期幕墙的门楼。

中世纪：生活在城堡里

被围困的城堡

无论何时，人们都尽可能避免公开冲突，因为人力和马匹都很珍贵。但如果一个领主在他的城堡中避难，入侵者必然会围困城堡。攻击者有工具和战术……而防御者也有他们的对策。

在进行血腥的攻击之前，城堡的攻击者会先采取一些更为简单的攻城方法。包围城堡并断绝粮草迫使驻军投降有时会奏效，行贿也可以使领主的城堡落入另一位贵族手中。如果这些战术失败，用俘虏的尸体或敌人的头颅在堡垒的墙壁前进行展示和恐吓，就足以说服抵御者投降。

攻下城堡

攻击堡垒的方式有多种。其中非常有效的方法是在墙下挖一条地道，这样袭击者就可以进入城堡内。更多时候是在墙壁或塔楼下挖一条地道，挖的时候用木头支柱将其支撑起来。之后用油脂涂抹支柱并将其点燃，支柱坍塌的时候就会将墙壁一起拉倒。

从城垛中延伸出来的木质临时围墙使防御者能够站在墙前，并通过板上的狭槽向下对攻击者射击。

上图：凸出的城垛与石头梁托之间形成了槽口，攻击物从这里被投下去。这样的结构叫作"堞眼胸墙"（machicolated parapets）。

下图：扭转弹射器的绞绳，使得嵌入其中的投掷臂向上猛抛以放出投射物。

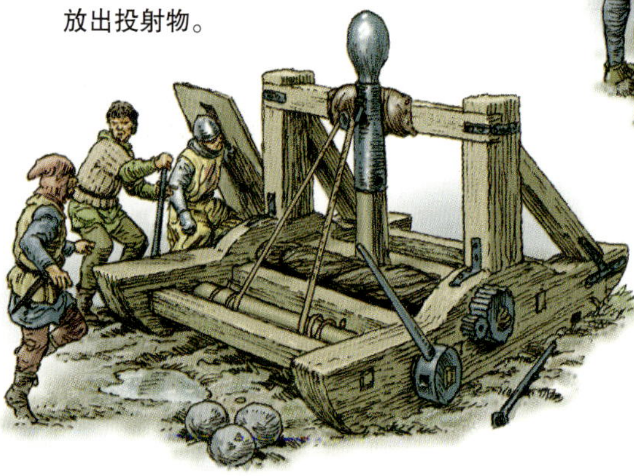

上图：床弩能够射出一支大弩箭。将弩弦接在扳机上后，转动绞盘将滑块拉回。

右图：投石机有一根投掷臂。通过绳索，如图所示，投掷臂向上抛出投射物。

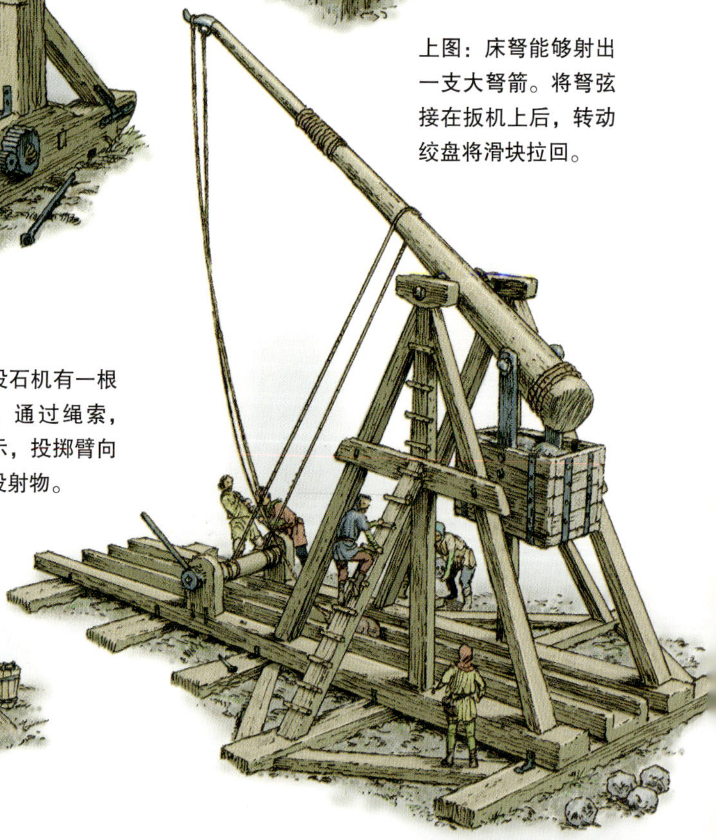

第二章 城堡生活

防御者会摆几碗水，通过观察振动迹象来预警，但是人们很难阻止攻击者挖地道。比较有效的办法是挖一条反地道强行进入敌人的地道，或在受威胁的墙后建立一个临时的栅栏。填满水的护城河是阻拦敌人挖地道的最佳防御。

有时候人们会在墙边挖一条壕沟，用木材挡起来，这样攻城者就会拿镐头撬墙上的石头。同时他们还会用攻城槌和钻头来撞毁城墙，防御者则会放下麻布袋来减弱撞击的强度。攻城槌被包在一个棚架里面，棚架外覆盖着湿兽皮以抵挡火箭和从墙上抛下的其他可燃物。

中世纪的军械包括好几种用以投掷石块和发射弩箭的机器。如果需要进行直接攻击，最简单的方法是用梯子。但这种方法非常危险，守城的人会竭尽所能用叉形杆往外推梯子，而且一次只能上去一个攻城者。

而更为强大的就属攻城塔（siege tower或belfry）了。这种比城垛还高的巨型构筑物扮演着支架平台的作用。将攻城塔推到墙边，可以有更多的人顺其而上与守城者战斗。塔底可能有攻城槌或棚屋，塔顶也可能有石弩。由于塔楼笨重且易燃，因此外面也覆盖着湿兽皮，有时候还会陷入防御者在夜色掩护下挖的陷阱里面。

遭受攻击的城堡

攻城者们用在移动棚架中吊着的攻城槌撞击城墙，而防御者们则放下一块垫子来减弱撞击力量。他们还投掷了一桶燃烧的油，但是湿兽皮可以压制火焰。一些攻击者在爬梯子，如果他们单独爬到塔顶，很容易就会被击退。攻城者铺设了一条跨过护城沟渠的专用堤道，用于推运攻城塔。

守城士兵们朝着塔楼下的吊桥展开攻击，攻城塔顶层的士兵则用石弩将大石块射入城堡。

中世纪：生活在城堡里

城堡的建造

一座城堡的建造需要规划以及大量的人力物力，首要任务是选择合适的地点。

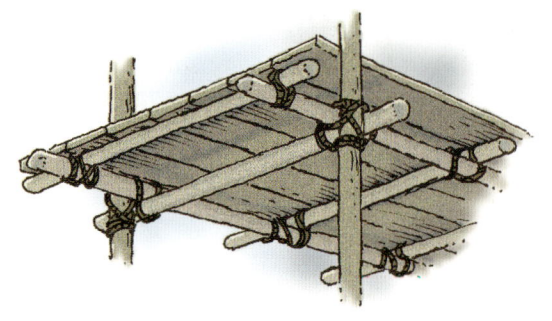

城堡的选址由领主决定，他的高级骑士和建筑师——通常是石匠大师提供建议。选址会尽可能利用当地的自然条件，例如小山丘或山崖峭壁。岩石地基一直是建房子的最佳选择，因为这样可以阻止敌人在下面挖地道。河流不仅提供了修护城河的条件，阻碍了敌人挖地道，同时也是城堡遭遇围攻时的命脉，而且其本身也是敌人的一大障碍。如果选址附近有优良的草地或林地，就更好了。

城堡的建造还需要许多其他工人：挖石工、建筑小工（石料运输者）、木匠、樵夫、锻工、平整工、地基工、挖井工、围栏工、烧石灰工（制砂浆）或制砂浆者、杂务工、铁匠、泥水匠、玻璃工人、挖沟工、马车夫、搬运工、推车工、挑水工和镐工。一座大的城堡里可能会有多达3 000名工人。

下图：14世纪的建筑工人。在图片最前面，两个泥瓦匠在用丁字尺、尺子和扁斧凿石头，而另一个工人则在搅拌石灰砂浆。

木材和石头

由于使用木材的地方很多，木匠们一直很忙。屋顶、横梁以及地板、门、百叶窗和房间嵌板，还有脚手架全部都是木制的。建筑工人会在墙上留出一些洞眼，叫作架洞（putlog hole），用于嵌入脚手架的横梁。若架洞被留在城垛下面，则是用于搭建临时围墙。

城堡的防御墙、塔楼和城堡主楼都是用碎石建的，外面砌了料石（dressed stone）或琢石（ashlar）。砌筑砂浆由沙子、石灰和水混合成，有时会在工地现烧石灰石制备石灰。人们需要用铁来打制钉子和工具，但有时也是钢制的。石膏则用于室内装饰。

当时工人的工具与现在差别不大。他们用滑轮组或踏车驱动的锚机吊起石材和木材。木桩由夯锤打入地下，或者建在柔软的地基上。

一座大型城堡可能要花两到十年才能建成，并且往往能留存数百年。

城堡主楼内部

所有城堡都有一个基本的元素——大厅。这是一个宽敞的房间，有高高的天花板，有时候在一楼，但通常都升至二楼以提高安全性。木制的屋顶由成排的木柱或石柱支撑，但有些后建的城堡改用了拱形石质屋顶。窗户通常很小且没有玻璃，装有由铁条固定的木质百叶窗。

在一楼的大厅里，地面只是简单地用泥土踩实，上面铺着石块或涂上灰泥。位于二楼的大厅有木地板，由木质支柱或从地下室建起的石拱支撑。地上散铺着灯芯草，夹杂着散发清甜香味的药草。灯芯草会定期更换，也会清扫地板，还是经常会有难闻的气味。一位记录者观察到，灯芯草下面是"过期的啤酒、油脂、碎片、骨头、唾液、狗和猫的粪便以及一切肮脏的东西"。

领主及其夫人的房间被称为"日光房"。房间最重要的家具是一张很大的床，包括一个沉重的木质框架和由交错的绳索或皮革条制成的弹簧，上面覆盖着羽毛床垫，以及床单、被子、毛皮床罩和枕头。床是可拆卸的，领主需要去他的其他庄园时就会带走。床上挂有亚麻布帘子，晚上会拉上以保护隐私，同时也起到防风的作用。

房间的其余陈设包括装衣服的储物箱，一些晾衣服的木杆或木衣夹，还有凳子。有时，房间还会连有一个小外室，叫作"衣帽间"。这个房间被用于储存布料、珠宝、香料和金银餐具，以及夫人的服饰制作。

家在塔楼

1. 塔楼的螺旋楼梯通往所有楼层。
2. 一个外悬的木质防御走廊。
3. 武装人员和仆人的住处。
4. 领主和夫人的私人住所。窗帘后面是他们的厕所（5），排泄物会排入下面的护城河。
5.
6. 城堡主楼的核心是大厅，人们在这里招待贵宾，享用主餐。
7. 入口大厅。
8. 用于准备所有食物的大厨房。
9. 供给品存放在塔楼深处的地窖里，至关重要的水井也在这里。
10. 阴冷潮湿的地牢。

上图：城堡建造者使用的各种木质脚手架。水平横梁插在由石匠留在墙壁上的"架洞"里。

第二章 城堡生活

城堡里的工作

在中世纪社会，有两个阶级：有地位的人和没有地位的人。虽然领主及其随从具有一定地位，但这一地位需要得到许多劳动者和农民的支持。

人们对城堡的第一印象，往往是领主跟他的骑士和披甲武士们骑着马匆匆走过吊桥和入口的闸门。但在他们身后，还有许多技艺娴熟的工匠和劳动者居住在城堡外庭周围的各种建筑中。

在有地位的人中，三位最重要的工作人员是总管、侍从官和执行官。总管或管家（steward）负责庄园的房产和城堡的内部管理，指挥家仆并管理大厅里的事务。

侍从官（marshal）负责家里的马匹和马车，并担任运输领队。在他之下工作的是蹄铁匠、马夫、马车夫、铁匠和书记员。蹄铁匠负责制作马掌，马夫则负责饲养并照顾马。马车夫将木材和石头运到城堡。铁匠锻造和磨削工具和武器，维护盔甲，并制作所需的任何金属物品，如门铰链和防护窗。书记员负责管理账目、发放工资以及检查货物的进出。

执行官（bailiff）监督庄园的农奴和农民，为他们分配工作并确保他们拿到了劳作的工具。当工具坏了或变钝时，他要负责组织铁匠进行修理或磨削。另外他还要监督所有建筑的修复工作。

家仆

仆役长负责管理厨房，并受管家领导。他需要打理领主的酒窖，负责桶装和瓶装的葡萄酒、苹果酒和麦芽啤酒。仆役长下面还有一大批人员，包括酿酒师、酒保（从酒桶接酒的人），还有负责上酒的斟酒师。

装瓶工负责管理在装瓶车间（bottlery）或酒类储藏室中工作的挤奶女工和黄油搅拌工。厨房里，有几位厨师在主厨的指导下工作，而最底层的人则是帮厨，他们负责刷洗脏了的锅碗瓢盆和领主那些精致的锡镴、银或金制的盘子。另外还有很多人参与领主的饮食供应，如面包师、家禽贩、水果商和屠夫。

室内佣人负责照看私人房间，领主夫人由侍女们服侍，领主则有几个年轻男仆听从调遣。这些男女侍从通常出身高贵，家里人将他们送到领主家受领主照顾，直到他们长大成为扈从（squire）。

吟游诗人这一角色不容小觑。在演奏乐器和歌唱民谣娱乐观众的同时，吟游乐师也是一位新闻传播者，并且通过学习所唱民谣中的古老故事，他们也成了中世纪的历史学家。

当贵族们享受闲暇时（图中所示为春猎），等级低下的城堡劳工们维持着城堡的有序运转。

中世纪其他工作

这份清单展示了城堡内及其周边所需要的工种。

施赈人员（确保穷人能够收到救济品）、制弩者、理发师（也兼任外科医生、牙医和放血术施行者）、伐木工（托梁和地板木匠）、起毛工（梳刷织好的布）、染色工、递水员（为贵族浴室送热水）、围篱管理员（照料树篱的园丁）、洗衣工、送信人、乐师、纺工（纺纱的女性）、制革工（加工皮革的工人）、肥皂制造商、蜡烛制造商、画家、泥水匠、织工。

中世纪：生活在城堡里

贵族家庭

土地所有权是区分贵族和地位低下之人的标志，无论这块土地是通过武力所获还是国王的赏赐。对于庄园领主而言，从父亲那里继承土地和资产并将其传给儿子是一件重要的事情。

富裕的领主们有专门为他们设计的日历册，称为《时间手册》。里面有代表一年中12个月的精美插图。图中所示场景来自给德贝里公爵制作的一本法语日历册。

右上：长子可以继承他父亲的遗产和权位，而小儿子们可选择的余地很少。要么去当另一个领主的学习骑士，然后成为骑士的扈从；要么去当修士，或成为一名牧师。一些年轻人更喜欢拿起武器，参加十字军东征，从穆斯林手中收复圣地。

伯爵、男爵或高贵骑士的庄园是国王授予他们的私人财产，但一场良缘又能为其添上一笔可观的财富。严格来说女性不可能继承土地（虽然这条规则明显有例外），但是在结婚的时候，女方的父亲会赠予女儿一些钱，或者将他部分土地的使用权赠予新郎作为其私有财产。原则上，如果已婚女儿去世或与丈夫离婚，这些都应该归还给女方父亲，但是已经有了很多因男方不肯归还而产生小规模冲突的先例。

遗产问题

当然，在领主去世时，他希望将他所有的资产都交给他的儿子，不让肥水流入外人田。如果他没有儿子，那么家庭财产将转移给最近的亲属，尤其是健在的兄弟。但是在一个有几个儿子的贵族家庭中，情况就没那么乐观了。一般来说都是长子继承所有的财产，他的弟弟们几乎没有什么选择。

小儿子7岁的时候可能会被派去另一个贵族的城堡当扈从（见第40页），可能永远都不再回家。等到了20出头的年纪，如果他足够幸运结得一个好姻缘，就可能会从岳父那里分得土地，实际上就成了岳父的封建骑士。

许多次子和三子会寻找一位赞助人，也就是一个有权势的贵族，成为他们的扈从，希望能够有机会成为战士，有可能的话出国去法国作战或参与十字军东征。对于这些没有继承权的儿子们而言，剩下的唯一选择就是担任圣职，成为牧师。

至于女儿们，如果未能找到合适的夫婿，或者，更有可能的是家人没有给找到合适的，她们几乎都会被送到修道院做修女。

第二章 城堡生活

领主与夫人的宴饮

贵族家庭通常每天吃三餐。日出时分，会吃一顿只有面包和奶酪的简易早餐；接着在上午较晚或临近中午的时候吃正餐，有两至三道菜。主要包括肉类、糕点、面包、葡萄酒或啤酒、水果、奶酪和坚果。由于蔬菜被认为是农民的常用食品，因此它们在贵族餐桌上并不多见。

日落之前会有清淡的晚餐供应，包括炖肉、面包和奶酪，还会有游吟诗人的歌曲和音乐伴奏。流浪的吟游诗人可能会讲一些奇闻轶事来娱乐大家，杂技或柔术表演也是一种时髦的消遣。

一位领主入住城堡后，他需要经常招待旅行的客人、其他贵族、高层神职人员，甚至可能是国王，所有人都会带着大批随从而来。宴会是招待的核心部分，与日常饮食截然不同。

客人可以吃到大量的牛肉、羊肉、家禽肉、野禽肉、猪肉、鹿肉（应季）、鱼、各种蛋——每种食材以各种形式呈现，还有奶酪、面包，再狂饮大量的葡萄酒、麦芽酒、苹果酒和蜂蜜酒。

上图：与农奴和农民不同，贵族有一些闲暇时间，带猎鹰狩猎是最受欢迎的娱乐活动。

左中：餐具。此时人们还未见过叉子（虽然意大利15世纪已在使用叉子，但17世纪才传到北欧）。大多数食物都是切好后用匕首或餐刀扎着吃的。勺子很贵重，所以人们将其制成可折叠的结构，并随身携带。

右图：吟游诗人和小丑。

盛宴

有些宴会的规模真的很大。1467年，约克大主教款待了共6 000名宾客，共食用了：104头烤牛、6头公牛、1 000头羊、304头小牛、2 000头猪、1 000只阉鸡、400只天鹅、104只孔雀、2 000只鹅、1 500头鹿、超过13 000只其他鸟类（如椋鸟、秃鹰、海鸥、苍鹭、鹳、鸬鹚和鹤）、1 500个鹿肉馅饼、608条梭子鱼、12只鼠海豚和海豹，最后还有13 000碗果冻、冷烤蛋挞、蛋奶糕和香料水果。此外，还消耗了大量的含酒精饮料。

中世纪：生活在城堡里

武装人员

当一个农民家庭有太多的儿子要养活时，没有受过教育的男孩几乎别无选择，只能去领主或其手下骑士的武装随从队伍中服役。更具冒险精神的人则可能会考虑去当雇佣兵。

对于武装人员来说，守卫城堡城墙和门楼的工作是乏味的，跋涉护送重要人物的任务则相当艰巨。

守卫城堡的军事人员数量因城堡的大小而各不相同。最小的卫戍部队由3位骑士和10名武装人员组成。而规模最大的时候，一个皇家城堡可能有多达100名武装人员，20名或更多的骑士，以及其他各种手下，他们都在治安官的管理下服役。当国王或贵族领主不在时，治安官要负责管理他们的随从。

徒步生活

准备服役的骑士要自己配备坐骑、鞍具、武器和盔甲，但农民没有这样的资源，他们的一切都要靠领主来提供。这意味着他永远也不会有马骑，只能作为步兵步行作战。

他的防护和武器水平取决于领主的财务状况。通常领主不会提供一套完整的装备，但至少会有头盔，锁子甲、织物盔甲、金属或皮革制成的腹甲，以及长枪、长矛、斧头或弩等武器。在英国军队中，最可怕的武器之一是威尔士长弓。

最低级别的武装人员是负责基本驻军职责的安全人员。这些职责包括在城墙上放哨、守卫城堡和城镇的大门，以及向进出领主领地的商人收税。资质更好的武装人员可能会成为领主旅行时的随从，或借调到大主教的保护小组，随其一起巡视各个教区。

弓箭手

那些有过人瞄准能力的人会接受一些十字弓射击训练。这种易于上手的武器一次能发射一支短箭，其力量足以将200码（1码=0.91米）以内的带甲骑士射伤或射杀。十字弓比长弓更容易瞄准，因为射手在瞄准时不必用手拉动弓弦。

英法百年战争期间，法国想要从英国手中夺回法国领地。图中所示为英法武装人员的某场战斗画面。

相比之下，学习长弓射击技巧则要花很长时间，许多长弓兵在青少年时期就开始接受训练。拉开弓臂、拉回弓弦需要很大的力气。

然而，尽管十字弓相当于现在的机枪，但由于长弓的射击速度快，它比十字弓的威力更强。射手每分钟可以在200码（1码约为0.91米）范围内射出10~12支箭。即使是由木头、牛角、牛筋和胶水制成的精良热那亚复合十字弓也无法与这种英国武器媲美。

在一场战斗中，当大规模的弓箭手一起射击时，他们的箭从天而降，像冰雹那样精准致命，像镰刀收割小麦那样将敌人射倒在地。

雇佣兵

有了兵役免除税（见第41页），欧洲国王在战争中越来越依赖雇佣军。雇佣军队的负责人叫作队长，他的工作是招募有作战技术的战士，商定合同和报酬，并确保他的人在战胜后按约定获得他们的报酬和战利品。

大多数雇佣兵都是十字弓射手，但也有几帮英国海盗在欧洲各地游荡，向那些希望自己的军队拥有长弓装备的最高出价者，出售他们的服务。很多雇佣兵团的兵源都来自德国南部的众多小州，这些人被称为"雇佣步兵"（landsknecht）。这一名称也被用于称呼欧洲最令人恐惧的武装分子——瑞士长枪兵。

瑞士为多山地形，因此农场很少。这意味着年轻人必须离开当地去当兵谋生。瑞士人曾为自由而与奥地利哈布斯堡王朝展开过殊死战斗。这些战斗让瑞士军人练就了成为最专业的雇佣兵所需的所有技能。

中世纪：生活在城堡里

上图：骑士被俘虏的画面。与士兵不同，骑士在战斗中被杀是很罕见的，他们作为俘虏更有价值，因为他们的领主或亲戚会用赎金将他们赎回。

右图：一个学习中的骑士大部分时间都在练习骑马，并通过锻炼和格斗来强化身体素质。同时也会利用"刺枪靶"（quintain）来学习如何在马背上用长矛作战。"刺枪靶"是一个很重的人体模型，横穿的木梁臂上挂着一个盾牌，模型可以绕垂直杆自由旋转。学习骑士的目标是击中盾牌的中心。如果被击中，刺枪靶就会旋转，这时马上的人必须敏捷闪躲才能避免被转回来的模型打中而落马。

骑士之路

在中世纪社会，一个人提升地位的最佳途径就是成为一名骑士。但这种生活并不适合大多数人，因为要成为骑士的训练漫长而艰辛。然而，一旦成功，就会获得很高的社会地位，还可能会带来巨额财富。

骑士精神发展于12世纪，当时身负十字架的骑士去到圣地保护受到撒拉逊人攻击的朝圣者。骑士精神或者骑士制度（chevalerie，源自法语词"cheval"，意思是马）指的是骑士的理想化品质——虔诚、诚实、礼貌和对女性无可指摘的尊崇。违反了这些准则的骑士可能会受到当众羞辱并丧失社会地位。

许多年轻的无地骑士会去参加被认为是神圣事业的十字军东征。但实际上，他们是希望在夺取土地后，能从所受命的人那里得到奖赏、获得土地并迅速积累财富，因此可以看出他们并非一直都恪守骑士制度。

骑士的养成

这一时期的教育资源都被教会的牧师和修士所垄断，而骑士的儿子们是在骑士制度的规训下长大的。为了成为一名合格的骑士，男孩在7岁时就会被送去一位大领主家当学习骑士。他的新主人成为他的封建上级。除了要做领主的仆人之外，学习骑士还要经受剑术和马术方面的测试。到了14岁，学习骑士就会成为一名骑士扈从，会做一些杂工并为领主随从中的某位骑士跑腿。

拥有战斗中的英勇本领是培养骑士的最终目标。在一个组织有序的领主家庭，学习骑士和骑士扈从要经历高强度的训练。不打仗的时候，人们会举行骑马比武会，这对于骑士的作战能力既是一种展示也是一场测试（见第42-43页）。

成为骑士

在大约21岁时，表现英勇的骑士扈从可能会具备成为骑士的资格。他需要宣誓效忠其封建领主并忠于骑士精神。然后

第二章 城堡生活

骑士服兵役

骑士的军事职责包含每年都必服役一段时间。骑士随时都要做好服役准备,这包括亲自侍奉他的领主,并配备一套高级马具、盔甲和武器。富有的骑士还经常被要求带上一队步兵或骑兵随从。

服役期通常为6~8周。如果超出这一范围,领主会根据时间支付给骑士报酬。拥有土地、农奴和佃农的骑士可以不必直接服役。凭借来自封地的足够收入,他可以支付兵役免除税(scutage,来自拉丁语"scutum",盾牌的意思)。他的领主会用这笔资金来雇佣经验丰富的雇佣兵骑士和步兵。

从14岁起大约7年的时间里,骑士扈从会跟随在他的骑士左右。他的职责包括在早上帮骑士更衣、为骑士准备饭菜、照顾骑士的马,以及清洁骑士的盔甲和武器。

学习骑士和骑士扈从也会接受一些教育。牧师,或者更可能是当地的修士,会教授他们初级的阅读和写作,以及基本的拉丁语和法语。领主夫人则要负责监督这些年轻人对于社交礼仪、舞蹈以及宫廷举止规范的学习。他的领主会给他颁发一把骑士剑。

骑士对领主的效忠,换来的是封建制度权力金字塔中的一席之地。若骑士在战斗中表现出了高超的作战能力,他的领主可能会给他一块封地。这样骑士就成了地主,并能将该地产传给自己的长子。而其他儿子们,要么跟着等级较高的骑士参军,要么进入教会。他们不能选择从商。

骑士受封仪式

在受封仪式的前一天晚上,骑士扈从——我们给他取个名字叫罗尔夫,会在玫瑰水浴中进行净身仪式,之后在当地教堂彻夜独自祈祷。到了黎明时分,牧师先听取他的忏悔然后再做弥撒(Mass)。仪式会在家人、贵族和一众祝福者的见证下举行。牧师先会对将要赐予受封人的剑进行祝圣(consecrate),"请主庇佑这把剑,从此你的仆人将保卫教会、寡妇、孤儿,以及所有拥护上帝之人,并抵制异教与无信仰之徒的残酷行为……"接着罗尔夫会跪在他的领主面前,领主用这把剑轻拍他的双肩,并高唱"起来吧,罗尔夫爵士",宣告其成为骑士。除了他的剑之外,罗尔夫还会被授予马刺(spur),并安装在他的鞋跟处。最后,这位新骑士举起剑表示感谢,然后归剑入鞘。

中世纪：生活在城堡里

骑马比武——骑士的运动

在所有人看来，骑马比武是一种极其壮观的场面。它是上级评估骑士的身体素质和战斗能力的机会，也是骑士们互相切磋提高并向他人展露骁勇气概的场合——尤其是在那些仰慕他们的女士面前。

过去，比赛是一件血腥的事情。参与者的死亡人数如此之多，使得教会禁止埋葬在比赛中遇难的人，因为他们认为"在比赛中倒下的人会下地狱"。

管理这项运动的第一份书面规则是由一位名为若弗鲁瓦·德·普雷利（Geoffroi de Purelli）的法国人于1066年写成的（他在根据其规则举行的第一场比赛中被杀）。在后来的三种比赛中，骑士通常都会使用钝器比武，比赛则按照建立于1292年的更为严格的规则来进行。

混战

也被称为正规马上比武（tourney proper），这是从早期的野蛮搏斗中演变而来的运动形式。参赛的几个骑士各自为政，为自己而战。随着号角的吹响，他们都冲进竞技场，并试图把对方打下马，最后一位尚在马上的骑士被宣布为胜利者。作弊很常见，也就是几个骑士会联合起来对付一个人。但是对方一旦落马，剩下的人就会再次相互激战。

骑马比武

骑马比武是两个手持长矛的人之间的较量。赛场中间设有一道低矮的隔栏，他们在隔栏两边相向而行。规则很简单，一名骑士若能用长矛成功击中对手的盾牌中心或盾牌中央的金属块即可得分。如果对手的长矛被打断或者对手落马，则得分更多。如果击中对手本人或对手的马的任何部位，他将被自动取消比赛资格。

虽然长矛是圆头木质武器，但也经常会伤到人。中间的隔栏则是为了减少对马的伤害而设立的，人们认为马比人更珍贵。

骑士的战马

在战争和比赛中，骑士所骑战马极为健壮活跃，它们被称为军马（destrier，源自拉丁词"dexter"）。这一名字起源于骑士扈从牵马的方式，因为他总是走在马的左侧，用右手牵马，而"dexter"则是拉丁语中表示"右面"的词。

对于骑士来说，战马很昂贵，因此许多领主会给他们免费提供战马。这些马之所以在比赛中会受到保护就是因为要免得花费成本重新购买。

在激战之前的准备阶段，骑士是骑着驯马（palfrey）到达赛场的。驯马身形轻盈，腿短而身长，步伐柔缓，也适合女士骑用。这样，在身着重甲的骑士上马之前，他的军马能够有尽量多的休息时间为在赛场上的冲锋养精蓄锐。而骑士扈从则不管什么时候都要负责给他的主人看管好备用马匹。

在十字军东征期间，一名欧洲骑士骑在战马上战斗。

上图：两名骑马比武的选手在"荣誉之地"相遇。

中图：一名骑士准备参加比赛，他的爱慕者送给他一枚"徽章"。

右图：中世纪的插图记录了骑士在混战中结伙对战的场景。来自宫廷的美丽女士们观看比赛并互相争论带着自己所赠"荣誉"的骑士是否会赢。

练习赛

练习赛更像是一种次要活动，没有仪式，也几乎没有规则。比赛包括两个主要的项目，一个是骑马刺枪靶（参见第40页），另一个是骑马挑环。后者是指将一个环形物吊在绳子上，骑士骑马冲过去时要用长矛尖端将环挑走。

荣誉准则

比赛结束后，来自宫廷的女士们会举行精心筹备且很正式的颁奖典礼。获胜的骑士依惯例被授予"金指环"，并收获女士们的香吻，她们是骑士理想的核心。而侠义与浪漫则是这个比赛的重要看点。

参赛骑士一般会选择一位美丽的女士——最好其丈夫比参赛骑士等级高，因为这样对他未来的发展有利。这位女士将她的"荣誉"授予骑士，也许是一条围巾，也许是她的手帕，并让他带上赛场。如果骑士赢得比赛，他便有望得到属于他的奖励——一个优雅的吻。

第三章

教会的力量

教父

尽管中世纪的国王和富有权势的贵族可以控制平民百姓，甚至手握生杀大权，但是他们却无法掌控百姓们的灵魂，因为灵魂在教会手中。

在许多方面，伟大的神职人员的权力并不亚于贵族们所拥有的权力。像封建制度一样，罗马天主教会拥有一套复杂的等级制度，管理着每个人的精神世界，甚至许多时候还会牵涉人们的日常生活。

教皇是教会的领袖，是上帝在人间的代表。教皇拥有诸多职能，其中一项就是有权通过宣圣仪式将一个美德和圣洁通过验证的死者变成圣人。

教皇之下便是枢机主教，他们是教皇的顾问。枢机主教（cardinal）这个名字来自"cardo"一词，在拉丁语中是"铰链"的意思。从字面可以看出，枢机主教的职能就是确保教皇的意愿在整个基督教世界得到传达。在每一任教皇去世之后，新教皇会在枢机主教中产生，而且只有枢机主教才能拥有投票权。

教会领导的下一个级别是总教主，也称为大主教。大主教由教皇任命，对多个主教管区拥有管辖权，权力范围相当之广（主教管区是教会的区域行政单位，也称为主教驻地或主教辖区）。

主要圣职

主教（bishop）是教会的高级牧师。他可以任命较低级别的牧师，并为受过牧师洗礼的人施坚信礼。他的职权范围称为主教管区。主教们都会被授予一个宝座（cathedra或throne），平时他们都坐在宝座之上。主教所在的建筑被称为大教堂。主教之下一般有一名或多名副主教（archdeacons），他们有权帮助主教管理部分教区。副主教之下就是主持牧师（dean），负责大教堂的维护和修理。

牧师（priest）都是由教会任命的。他可以在弥撒中给他的会众举行圣礼、给新生婴儿洗礼、主持婚礼、听取忏悔，并给罪人施加名为苦修的惩罚。他也可以宽恕或赦免人们犯下的罪孽。牧师也会给将死之人最后的祝福——这被称为临终涂油礼。牧师通常由主教任命，负责管理当地的一片社区，称为堂区（parish）。牧师的手下被称为执事（deacon），专门负责为教区的穷人筹集和分发救济品。执事的助手叫作副执事（sub-deacon），是主要圣职中等级最低的，也是在教会等级制度中晋升的垫脚石。

右图：在加冕仪式中，大主教为国王加冕，象征着教会的权力。图为1369年西班牙卡斯提尔国王亨利二世的加冕仪式。

第三章 教会的力量

上图：尽管贵族和平民的生活均受到教会的控制，但有时人们十分怨恨教会的权力。这份手稿插图显示教皇、主教和神职人员捍卫他们的"信仰堡垒"，反对异教徒和"不信仰者"。

次要圣职

次要圣职中级别最高的是教士助手（acolyte），他负责管理教堂或大教堂内的蜡烛，并协助牧师准备弥撒。下一级别的是驱魔人（exorcist），负责将撒旦和他的恶魔从被附身的人身上驱逐出去。在这种驱魔术中，驱魔人会使用祈祷文和特殊咒语来驱逐邪灵。

排在第三位的是讲经师（reader），又称为诵经人（lector），源自拉丁词语，是"阅读"的意思。诵经人的主要职责是在礼拜期间诵读圣经。最低级的神职人员是守门人（doorkeeper），他的职责是带领游行队伍，负责照看教堂建筑。

中世纪：生活在城堡里

坚定的信仰

即便身份尊贵如上层贵族，也很少有人会读书写字。只有加入教会才能接受到一些教育。因此，修道院和大教堂是主要的教育中心。

上图：周日的布道仪式对于很多愚钝的农民来说过于冗长，他们很快就会走神。

农民们即便能够阅读《圣经》，也无法理解其中的含义，因为其内容都是用拉丁语写成的。或许有些贵族能听懂一些拉丁语，但是农民中有这种能力的人少之又少。这就意味着高级牧师和神职人员是上帝话语的唯一解释者。

在路孚德教区，几乎所有人都会参加周日的礼拜活动。而那些没有参加或是因睡懒觉而迟到的人都会受到惩罚。

和往常一样，牧师在他的讲堂上发出雷鸣般的声音，就人类邪恶的本质进行一场激烈的布道。教区居民都深信不疑，如果他们犯罪，来世将面临可怕的命运（见第57页），因为牧师绘声绘色地详细解释了地狱的恐怖情状。

人人皆有罪

如果一个人不想积累太多的罪孽，以至于在生命的最后被送进地狱，那么他就一定要向牧师忏悔自己所犯的过错，并通过接受惩罚或苦修来赎罪。罪恶因其邪恶程度不同而有不同等级，可分为两种不同的形式。

弥天大罪，即直接冒犯上帝的罪，是不可饶恕的；而轻微小罪，即伤害其他人的罪行，会根据它们的严重程度分级。那些犯了弥天大罪，却仍执迷不悟者死后将会下地狱，并且永远受地狱之苦；而大多数未能弥补罪过就死去的轻微犯罪者则会进入炼狱，在那里经受磨难，罪行得到净化后再进入天堂。

罪孽还有第二种形式分类。"作为之罪"是指不该为而为之，"不作为之罪"是指该为而不为之。甚至邪念也被算作有罪。罪人必须接受惩罚或是苦修，牧师才能通过赦免为罪人施加上帝的宽恕。

惩罚举措

对罪孽的惩罚有轻有重。轻则让罪人帮助打扫教堂庭院，重则惩罚罪人一日不准进食，还要跪在或是俯卧在教会冰冷坚硬的石头地面上默默祷告。

贵族们也必须为他们的罪行赎罪，但是为了避免平民围观他们受罚所带来的耻辱，富有的贵族更有可能通过捐建一个新教堂或给一个宗教团体捐一笔钱来赎罪。

朝圣之路

有一种广为接受的苦修方式就是朝圣，即去参拜圣地。朝圣者的目的地可能是圣人的墓葬地；一个因神奇的自然疗法而闻名的地方；或者是一个镶满宝石的盒子，叫作圣物箱，里面可能放着真正的耶稣十字架碎片，还有可能存放了圣人的遗骸或是遗物——称为"圣物"。尽管买卖圣物（也就是买卖宗教圣物的行为）为法律所禁止，但是其背后的巨大利益依然让这种非法买卖十分普遍。与此同时，那些据说拥有强大力量的宗教圣物在欧洲各地被挖掘出来。

对于一些人来说，朝圣不过就是在一个重要的日子里，享受与人结伴徒步的过程；而有些人则将朝圣看得严肃得多，因为这是对他们曾经犯下的罪过进行赎罪的方式。还有一些人将朝圣作为一种生活方式，他们在一个又一个圣地之间游历，过着类似修士或隐士那样的生活。

西方世界有不少小规模的圣地，还有三个大型圣地，分别是罗马、孔波斯特拉和坎特伯雷。在罗马，朝圣者有许多圣地可以参观，包括耶稣使徒和其他殉道者的墓地。如果向圣维特祈祷，罪人一生中三分之一的罪行可以被赦免；如果朝圣者得见圣维罗妮卡的手帕——上面印着基督的面孔，就可以抹去长达3 000年的炼狱磨难。

教会的赎罪券

还有另一种方法可以缩短灵魂在炼狱中的时间，那就是购买赎罪券。赎罪券为罪人提供了一次额外的机会，可以让他们在活着的时候弥补罪过，其形式通常是捐出一部分财产以扩充教会金库。

不幸的是，这导致许多职业赦罪者为了自己的利益大规模出售赎罪券，这种做法总有一天会让他们陷入绝望的炼狱。

寻求庇护

通过庇护规则，罗马天主教会为那些逃避法律制裁或迫害的人提供了一个安全的避难所。任何人都可以在指定的教堂建筑范围内寻求庇护，可在那里停留30~40天。时间一到，他们就可以不受伤害地流亡国外。违反庇护规则的人可能被开除教籍。

有时候，教堂里会放一个石座，叫作平安座。寻求庇护者必须坐在上面才能声明要寻求庇护。更常见的是教堂门上有一个大的门环，抓住它就意味着有了避难权。

1170年，坎特伯雷大主教托马斯·贝克特在大教堂被亨利二世的骑士暗杀。他被后人尊崇为圣人，葬于坎特伯雷，该地成了基督教世界最大的朝圣中心之一。

下图：南欧的朝圣者们在历经辛苦的长途跋涉之后终于到达了圣地。

中世纪：生活在城堡里

祈祷与劳作——修道院

巅峰时期的修道院代表了中世纪基督教文化的核心。修道院是祈祷和冥想的地方，同时也是农场、工艺中心、图书馆、大学和医院。

上图：修士们沉浸于宗教生活，但在漫长的一天工作之后，就连最虔诚的教徒也会疲倦到在教堂的长凳上睡着。

左图：修道院中的冥想生活使得大量宗教文学作品涌现。所有书籍都是手工抄写而成的，十分辛苦。图中是抄写员埃德温正在抄写《诗篇》（祈祷书）。

修道院有几个不同的团体，有不同的规则，但他们的生活方式基本遵循圣本笃的理想标准。公元529年，圣本笃在意大利卡西诺建立了第一座西方修道院。修士们将他们的一生奉献给上帝，隐居在修道院内，保持着贫穷、贞洁和对修道院院长的绝对服从。

修士的一天

修道院的生活一成不变，循环往复。每天二十四小时中至少有五小时需要参加礼拜仪式。夏天，钟声会在午夜响起；在冬天会延迟两个小时敲钟，召唤修士开始晨祷（Matins，在拉丁语中为"早晨"之意）。晨祷大约持续一个小时，之后他们可以继续睡到早上六点。随后修士们还要回到教堂进行半小时的早课仪式（Prime）。

一顿由自制面包和麦芽酒组成的简单早餐就能提供工作或学习所需的营养。许多修士在修道院的田地里劳作，通常会有农奴帮助他们完成繁重的工作。农奴们做这些是义务劳动，并不是为缴纳什一税。一些修士擅长写作和艺术，他们在图书馆里抄写经文并给经文加注，而另一些修士则负责照料牲畜、做饭、照顾病人和年老体弱的人。

上午九点，所有的工作暂停，开始弥撒。接着修士们会在礼堂内商讨修道院的相关事宜。十一点开始第二场弥撒。第二场弥撒结束后是午餐，有汤、面包、蔬菜、水果和奶酪，修士们在餐厅内用餐。

修士们可以吃肉，但是一年之中会有某些天禁止食用荤腥，这些日子叫作"斋戒日"。一年中有几乎一半的时间都是斋戒日，所以修士们吃肉的次数不多。修士们用餐时会静静听着《圣经》选段诵读。

用完午膳后，修士们可以休息到下午两点，然后开始举行九时公祷（None，从日出后的第九个小时开始）。随后修士们需要劳作到下午六点，中途会穿插一次四点开始的晚课（Vespers）。劳作结束之后，修士们会在餐厅内吃些简单的晚餐，晚上七点开始一天的最后一次晚祷（Compline）。祷告结束之后，修士们就可以回到各自的休息室就寝，但仍然要穿着他们的长袍。

秩序井然的生活

修道院的领导是院长，下设副院长，也就是下一任院长。院长和副院长之下是负责具体职务的修士。下方的"谱系图"列出了各层修士的职位。

当时的农民们在寒冷的冬天很难取暖，相对来说，修士们的生活则比较舒服。

修道院院长 —— 修道院副院长

衣食住管理员或事务员：负责修道院所有修士的饮食

圣器收藏室管理员或教堂司事：负责管理修道院的教堂中和做祷告所需物品

教堂唱诗班的领唱：在修士们歌唱和诵经时担任指挥

餐厅管理员：负责管理修道院食堂（frater 或 refectory）

厨师：负责为修士、宾客和修士们的家属做饭，比如生病的村民

新人管理员：负责管理新来修士的言行并训练他们，这些新人叫作初学修士（novice）

 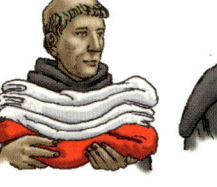 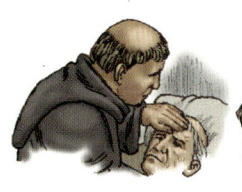 

副事务员

粮食管理员：负责管理粮食

圣器收藏室副管理员：承担秘书一职

工程管理员：主管修建工作

教会司库

织物管理员：管理唱诗班的圣衣，圣坛所用的麻布和教堂的帘布

病患看护：负责照顾生病的修士，同时负责实施一季度一次的"放血"

施赈人员：负责把救济物发放给贫苦的人民，一般是食物和水

中世纪：生活在城堡里

行医济世的修道院

中世纪很少有人行医——对于大部分平民来说，他们当地的理发师就是医生，但是修道院可以为患者提供当时最科学的医学治疗。

经常去教堂的人，也就是说所有人，每天都能听到耶稣是如何让患者神奇痊愈的。有关圣人和他们圣物的故事中也都充满了相似的奇迹。在基督教的观念中，基督之血可以净化人类的罪孽，因而基督教是关于"治愈"的信仰。所以自然而然地，修士们应当承担起治疗师和药剂师的责任。

建立本笃会修士团的圣本笃建议他的教友们，"首要的事情是照顾患者……并且要让患者记住自己是因上帝之荣耀而受到了照顾"。修士们相信健康的身体意味着健康的灵魂，而不照顾好灵魂是对上帝的一种罪。

为了获得一个健康的身体（和一个健康的灵魂），修士有各种各样的方法。

草药园

身为图书管理员的修士们可以接触到许多古代草药著作。草药园是每个修道院的重要组成部分。根据地区和气候的不同，修士们种植的草药可以多达120种。其中一些的药用特性已知，另一些则被认为具有神奇的效果（参见"山葵之宝"）。

修道院里种植了大量的蓟草及其类似品种——蜂斗菜，两者结合使用可以有效对抗瘟疫。从梦魇到昆虫叮咬，从蛇咬到胃痛，从皮肤伤口、骨折到口腔癌，几乎所有的疾病都有草药可以治愈。这些草药里面往往还会添加大蒜，因为除了治疗功能，大蒜还能抵御邪恶的灵魂、女巫、吸血鬼和蛇。

草药与各种油、蜡甚至动物粪便混合

1. 修道院教堂。
2. 门楼，由守门人看守。
3. 修士宿舍。
4. 厨房，里面有食品储藏室、装瓶间和酒窖。
5. 食堂。
6. 院长的住处。
7. 医务室，照看生病及年长的修士的房间。
8. 草药园，里面有药草室。
9. 鱼池。

在一起，有些用于口服，有些调成膏状敷在伤口上。

虽然修士们一年四季都会采集草药，但收割时节是最忙碌的时候。这些植物被收割下来绑成束挂在草药室里晾干。这个地方充满了新割草药的浓烈芳香。虽然在很多情况下，新鲜的草药疗效更好，但晾干的草药可以帮助患者度过严冬。

放血

早在古希腊时代，人们就已经知道人的血液中含有四种体液（humor，源自拉丁语"umorem"，意为"液体"），它们分别是黑胆汁、黏液、血液和黄胆汁，它们与构成宇宙万物的四种元素——土、水、火和气有关。

第三章 教会的力量

山葵之宝

山葵对咳嗽、发烧、呼吸困难和胃病都有很好的治疗效果。人们还相信,新年前夜在钱包里放一块山葵,来年就会有花不完的钱。

若要保证身体健康,身体里的四种体液必须保持平衡。一旦失衡,人们就会生病。比如,发烧的症状为发热、干燥,这就是黄胆汁过剩造成的。治疗方法就是要通过放血来排出多余的黄胆汁,或者让患者泡冰水浴,因为潮湿和寒冷可以激发黄胆汁的相克物质生成,那就是黏液。

放血有三种方法:水蛭吸血法、静脉切放和杯吸。水蛭吸血法指的是将一种吸血动物附着在患者身上,这种动物叫做水蛭(leech,源自盎格鲁-撒克逊语"laece",意为"医生")。水蛭会吸出大量的血液,在极端情况下,医生会一次放多条水蛭,以加快整个放血过程。

静脉切放就是将血管切开,让血流入碗中。杯吸就是先划破皮肤,再将加热的玻璃杯罩在皮肤上。玻璃杯内的真空环境可以将血液透过皮肤吸出来。

不管采用何种方法,其目的都是一样的,那就是去除患者体内多余的血以获得各种元素的平衡,从而恢复健康。在修道院中,放血是一项定期做的必需项目,而且每年至少实施四次。当生病人数较多时,频率则会更高一些。许多社区内甚至设立了专门的放血处,由修道院负责看护患者。

如果有修士接受了放血治疗,那么这段时间他就不用再劳作了,甚至也可以免去祷告仪式。修道院医务室的病床上经常躺满放完血正在恢复的修士们,他们因为健康状况比从前好了很多而心情愉悦。

真相盒子

中世纪的"体液(humor)"这一概念依然存在于当今社会。人们会说一个快乐的人有"健康的体液"(in good humor),而一位坏脾气的人是有"坏的体液"(ill humored)。

51

中世纪：生活在城堡里

筑建神之家

纵观整个欧洲，大教堂、修道院和教会的修建彰显着城镇发展所创造的新财富。

当时的人们对宗教建设极其狂热。一位编年史家称，整片土地都"披上了教堂的白袍"。中世纪的教堂建筑有两种建筑风格。第一种主要用于950年到11世纪中叶之间的建筑物，名为罗马式，因为它采用了罗马建筑的概念，如现在留存的少数古代遗迹中可以看到的圆形拱门。

第二种风格是在罗马式的基础上发展而来的，始见于1132年建造的巴黎圣丹尼斯修道院教堂，并很快传遍了整个欧洲。这就是所谓的哥特式（见第54~55页）。

罗马巴西利卡式教堂

罗马晚期大型教堂的经典形式是巴西利卡式（basilica）。其基本样式为长方形建筑，内部分为处于中心的中殿（nave），和两侧的一条或多条走廊（aisle）。在这种巴西利卡式教堂里，中殿和走廊被一排大圆柱隔开，圆柱支撑着中殿上方的屋顶。

如果中殿两侧各有两条通道，则在两条通道之间还会设置一排柱子。在大多数情况下，走廊上面的屋顶较矮，而中殿的墙壁则远高于走廊屋顶之上，上面还会开有窗户。这些上面的区域，就是天窗（clerestory），可以让光线进入室内。

在中殿的东端，有一个半圆形的后殿（apse），里面设有圣坛。有时候，后殿会与中殿和走廊中间隔一个叫作耳堂（transept）的矩形区域。耳堂与中殿呈垂直分布。在后来的许多教堂中，耳堂的宽度超过了主楼的宽度，构成了十字架的形状，从而形成了"十字形"巴西利卡式教堂。

罗马式风格

罗马式风格的基本元素是圆形拱门（见左中图），这是一种从古罗马流传下来的风格。这些拱门由巨大的石柱支撑。

在早期的罗马巴西利卡式大教堂中，中殿两侧各有一条由拱门形成的拱廊，屋顶或是平的，或是A形木质框架。后来有一些教堂采用了更高的中殿和圆筒形穹隆屋顶（barrel vault）。在这种情况下，房顶就会横跨中殿的拱门，两端由侧拱廊的柱子支撑。中间的空隙

上图：这座法国教堂拥有经典的罗马式圆筒形穹隆屋顶。

这种圆形拱门是罗马式风格的基本元素。

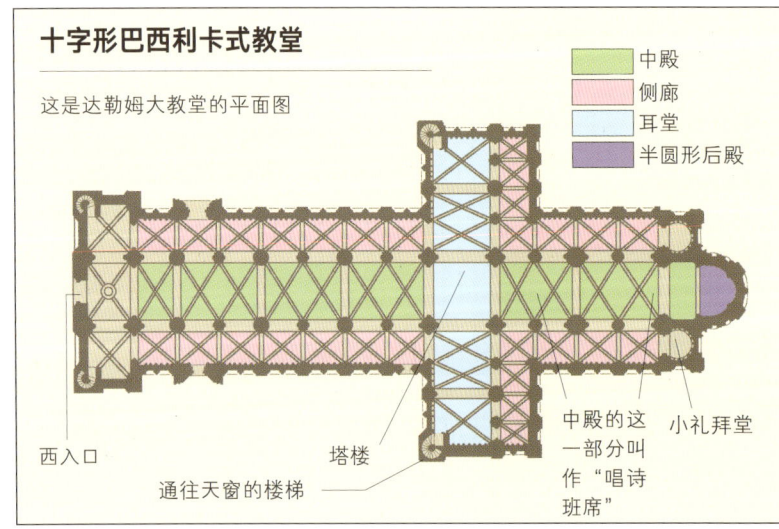

十字形巴西利卡式教堂

这是达勒姆大教堂的平面图

- 中殿
- 侧廊
- 耳堂
- 半圆形后殿

西入口　塔楼　通往天窗的楼梯　中殿的这一部分叫作"唱诗班席"　小礼拜堂

第三章 教会的力量

上图：伊利大教堂的中殿和穹顶。
下图：如伊利大教堂一样的罗马巴西利卡式大教堂结构的简易剖面图。

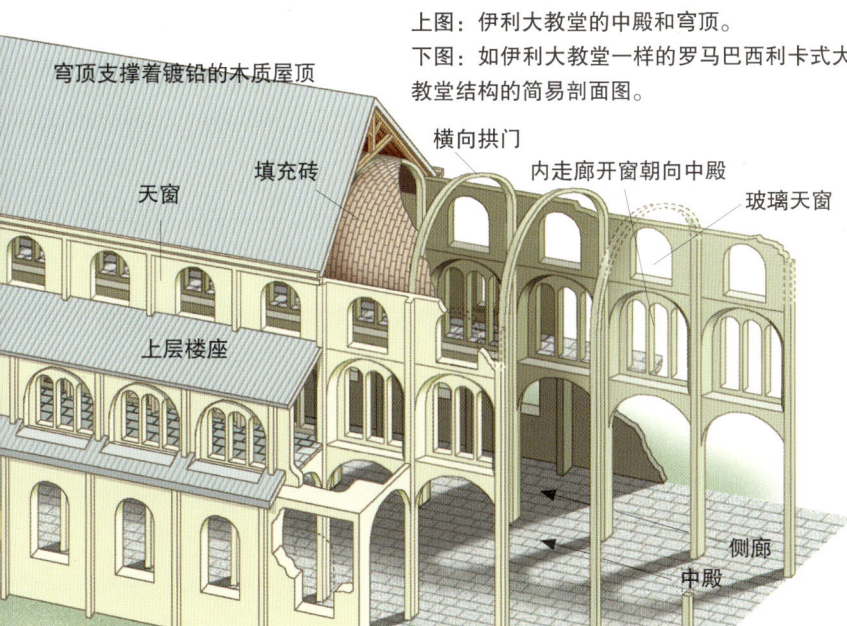

上图：罗马式大教堂拱顶后来发展成为由圆形对角肋拱和尖头横向拱共同组成。

由楔形砖填充，形成拱顶。

然而，拱形屋顶也有其自身的问题。中殿的墙壁必须非常厚才能支持屋顶的侧压，否则这种压力会将墙壁向外推动。理想情况下，墙上应该不开天窗，因为这样会削弱墙壁的支撑力。以这种方式建造的教堂内部通常采光不好。

为了弥补这种设计缺陷，建造师们加粗了中殿柱子，然后通过对角拱将它们连接起来，斜拱沿着中殿的拱顶延伸，就像一排排的肋骨，这样的结构叫作"交叉拱顶"，它能够为整体建筑增加了足够的支撑力，这样就可以在墙上开天窗了。

中世纪：生活在城堡里

哥特式教堂——触摸天堂

中世纪基督教世界最伟大的建筑里程碑是高耸入云的哥特式大教堂，始建于1132年的巴黎，如今它们的塔尖仍高耸于许多城镇之上。

哥特式风格特有的尖头拱门。

罗马式教堂中多见圆形拱门，四周墙面承担了屋顶和拱顶的主要重量。

哥特式的创新之处在于肋状拱顶和尖头拱门。在罗马式教堂中，拱从一边延伸到另一边，将屋顶划分成若干规则的区块。新增的两个对角肋拱组成了坚固的框架，形成的三角形区域用较轻的石制品填充。

但是，由于对角肋拱比横肋长，形状上仍需为半圆，所以其交点高于横拱和侧廊拱的顶部。这破坏了罗马式风格的简洁直线原则（clean lines），因为中央屋顶线必须改变高度来匹配拱的不同高度。而解决的办法是将横拱顶部做成尖状，使它们与对角肋拱一样高。

破除形式桎梏

在接下来的发展中，建筑师将所有的拱门都设计成尖顶，使得中殿和横向拱门的高度相同，从而恢复了罗马式建筑的简洁线条。这种哥特式风格相较罗马式风格，具有很多优点。这种形状的拱门意味着支柱所承受的张力从水平方向变成了垂直方向。这样设计师就能够在提高拱顶高度的同时减小支柱的尺寸。

在支柱和尖头肋拱交界的地方需要提供额外的加固，这一点至关重要。哥特式风格的最后一项创新是拱扶垛，即在教堂外建造的粗重石墙墩。侧廊低矮屋顶上的拱将拱扶垛的力分传在中殿支柱的最大应

左图：这是1344至1351年间建造的哥特式大教堂唱诗席的横截面图，图中的拱扶垛支撑着中殿上部的墙壁。

右图：格洛斯特大教堂的拱顶添加了许多尖头肋拱，这些尖头肋拱形成的伞状辐条组成了华丽的扇形装饰。

第三章　教会的力量

上图：林肯大教堂，建于1192至1280年之间，早期哥特式建筑的完美代表。

力点上，从而增强了支撑力。有些教堂还会再加第二道拱扶垛来加固侧廊墙壁的承重。

由于建筑物的重量由精心设计的肋拱、支柱和拱扶垛所分担，墙壁不再承受任何荷载，因此墙上可以开凿多扇窗户。彩色玻璃窗由此产生，它们让教堂充满了绚丽多彩的光线。在某些教堂中，墙壁看起来似乎就是由闪闪发光的玻璃组成的。

这样一来，整个教堂就有一种轻盈、通风的结构，充满了一种飘逸的优雅感。高耸的拱顶引导着信徒的眼睛望向天堂，上面一排长长的中殿拱廊则将人们的注意力引向远处的后殿和圣坛。

哥特式中有一种风格称为垂直式风格，因为重复使用的垂直元素而得名。这一风格在石匠工艺中得到了极致体现，窗户上的石头窗饰十分精致，令人叹为观止。图例取自公元1335年的格洛斯特大教堂的南耳堂。

中世纪：生活在城堡里

毁灭性的瘟疫——黑死病

黑死病是欧洲历史上最严重的人类灾难。病源是1347年秋天从卡法（Kaffa）经由黑海返程的海员们，他们乘坐热那亚船只返回西西里岛时感染了一种奇怪的疾病。

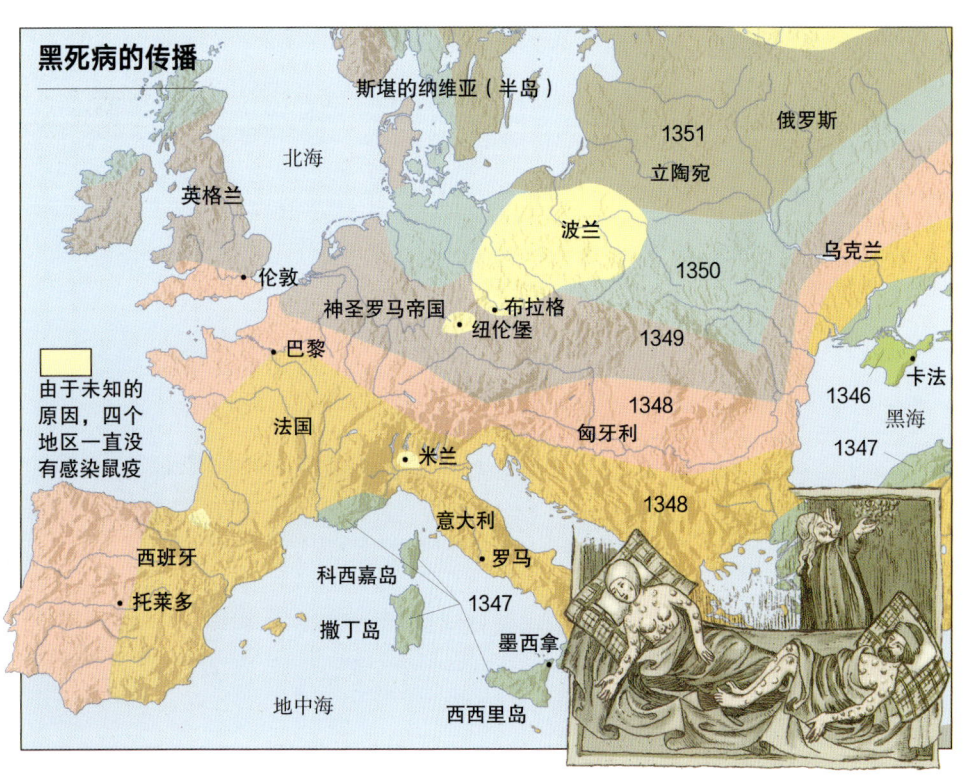

上图：老鼠及其身上的寄生跳蚤会散播黑死病。

报道称，这些船员在抵达西西里岛后的一周内全部死亡。几天后，墨西拿的大多数人都病倒了。几个月内，这种疾病就蔓延意大利，并从那里传遍欧洲各国。法国医生西蒙·德·科维诺（Simon de Covino）表示，似乎只要有一个感染者"就能感染整个世界"。

黑死病就是鼠疫，一种通过寄生跳蚤从老鼠传播给人类的疾病。在一个没有卫生意识的社会里，这种疾病相当容易传播。最初的症状是高烧、四肢疼痛、淋巴结肿胀或发炎。鼠疫侵袭肺部的症状与肺炎相似，而且这种疾病是致命的。它的其他症状包括内出血、疖肿和发烧。患者通常在感染三到五天之后死亡。

空城空村

虽然一些城镇和村庄逃过了这场瘟疫，但其影响是可怕的。即使在受影响较轻的地区，死亡率也达15%~20%，而在受影响最严重的地区，死亡率超过了50%，整个欧洲约有2000万人死于黑死病。

在一些城镇，鼠疫的影响造成了经济的全面崩溃。由于死者数量太多，无法进行基督教葬礼，他们都被抛尸街头，加速了疾病的传播。在乡间，农民们的尸体横亘在田野里，倒下的旅人则被抛在路边。

像往常一样，在危急时刻，总有替罪羊要为灾难负责，尤其是犹太人。即使他们和其他人一样也饱受鼠疫之苦，但是却依然要遭受厄运。

左图右下角：两名黑死病患者。

右上图：成千上万的人罹患老鼠传播的瘟疫，整个欧洲都在重复上演着同样的场景。很快，墓地就被填满了，市政当局必须挖掘大量的坟坑来解决一车又一车的死尸。街道上推车的收尸人叫喊着"收死尸了"，而人们对此早已习以为常。

右图：鞭笞者队伍。

上帝的怒火

在人们看来,上帝要么是抛弃了他们,要么是因他们犯下的罪恶而大发雷霆。有一个群体决定承担世界的灾难,并进行自我惩罚,他们被称为"鞭笞者"。鞭笞者从一个村庄流浪到另一个城镇,用鞭子抽打自己几乎赤裸的身体,直到血肉模糊。

还有许多极端组织也如雨后春笋般涌现出来,但因为神职人员的大量减少,教会无法阻止这些人在疲惫不堪的幸存者中传播那些奇怪的信仰。

人口减少极其严重,由此导致田地无人耕种,牲畜无人照料,欧洲大陆花了很多年才能从黑死病中恢复过来。

第四章
中世纪的城镇生活

城镇的发展

在黑死病暴发之前,大部分的城镇都只有售卖当地农产品的集贸市场,但是一系列的社会革命改变了这一切。

我们在第16页和第17页介绍过的小村庄路孚德发生了翻天覆地的变化。周围的大片森林都消失了,一座石桥架在了浅滩之上,古老的木质城寨城堡被一座巨大的石头城堡所取代。

原先的小教堂如今已经成了主教的大教堂。许多大小各异的房子围在城堡和大教堂周围。由于中世纪早期战争的多发,路孚德村的中心被防御墙包围保护了起来,但外面也聚集着很多房子和农民的小屋。这一转变是如何发生的呢?

羊毛带来的新繁荣

路孚德的扩张有多个原因。它的发展开始于12至13世纪,黑死病在一定程度上也起了作用。黑死病结束后,农村人口减少,那里的许多幸存者都迁移到最近的城市中心寻求庇护,想要找一份工作填饱肚子。由于农村人口减少,大地主们乘机围起了大片适宜耕种的土地作为牧场来放牧牛羊。

欧洲对羊毛的需求量很大,出售羊毛就会带来财富,尤其是卖给法国和比利时北部地区的佛兰德制衣商人。这又迫使更多的农民离开他们的土地去城镇和城市谋生。

随着人口的增多,路孚德和其他城镇一样不得不扩大其住房和服务。这意味着需要更多的官员来管理民生事务。接着,管理人员又想要更多的仆人、更好的房子、更好的衣服、更多的家具和奢侈品来彰显他们的地位。这就需要更多的工匠来制造它们。工匠需要更大、设备更好的工作坊以及更多协助他们的学徒。他们成了这个城镇的市民,成了最早的新兴的中产阶级市民。他们拥有自己的财产,并且雄心勃勃,想要更加成功。

同样,大教堂也需要许多神职人员来管理其在主教管区和地方堂区的事务。这些人需要受过良好的教育,大教堂因而设立了学校和大学,这受到了城镇市民的欢迎。

工人阶级也随之崛起。随着羊毛贸易的发展,如今这条河上来往着忙碌的驳船。它们顺流而下,将羊毛运送至河口处建起的港口。路孚德一天天壮大起来。

1. 修道院
2. 堂区教堂
3. 大教堂
4. 主广场上的市集
5. 一家叫作塔巴尔的城镇小酒馆
6. 骑士领主的城堡
7. 文法学校
8. 石桥和收费站
9. 露天市场
10. 水磨坊
11. 鱼塘

1. 牛被蓄养在周边敞开的畜棚里，里面还有家里的两匹马。
2. 杂物间。
3. 房屋的一部分会修建阁楼以提供干燥的储物空间以及额外的休息区。
4. 横穿整栋建筑的走廊。
5. 居住区房间的房梁是暴露在外面的。

一位自耕农的农庄

这个农庄位置靠近城镇，它的主人把它经营得很好。农庄主人已经能够靠着在市场上售卖农产品所赚的利润购买更多的地。很快，农庄主人计划建一座比原先的传统农舍更大的房子。

自耕农们闲暇时消遣的方式有很多，比如在当地酒馆度过一个愉快的夜晚。右图为彼得·布鲁盖尔的画作《农民的婚礼》。

第四章　中世纪的城镇生活

新兴中产阶级——自耕农

在中世纪后期，农民的角色发生了改变。尽管在一些较大的贵族庄园里仍有农奴和佃农，但黑死病的发生给许多农民带来了好处。

黑死病之后，由于饥荒和鼠疫造成的破坏，村庄变得空荡荡的。有人会想这会使被土地所束缚的农民生活更加艰难，但事实恰恰相反，农民的境遇比以往任何时候都好。

劳动力市场

由于鼠疫期间死了很多人，现在田间的劳动力严重短缺。因此，在14世纪70年代，工资上涨，人们的生活水平也大幅提升。欧洲的农民不想再经历曾经的痛苦和负担，他们想要摆脱自己传统的封建义务。

传染病流行期间法律和秩序都遭到了破坏，许多幸存者都被迫离开了家族世世代代生活和劳作过的土地，到附近的小城镇上寻求庇护和解决温饱。

这一切让黑死病暴发后的农民有了一种前所未有的流动性。同时通过向城镇中更为自由的市民赁卖自己的服务，农民找到了改善自己处境的方式。事实上，这是一个劳动力占据上风的时代。

农民成了土地的主人

黑死病带来的第二个后果就是，工资上涨的人们能够以低廉的价格买到大量的土地。中世纪的农民第一次成了土地的主人，或者说土地的终身持有者。

当然，这一形势对于封建领主来说并没有吸引力。他们本来就缺佃农，现在又因为农民对于土地的自由主权而失去了更多的佃户。而且，这些贵族还必须提高报酬才能留住现有的少数佃农。

土地的终身持有者叫作自耕农。其地位远低于旧时的地主乡绅和贵族，却比佃农要高很多。乡绅会将其土地租给佃农，他们自己不会耕种，不过自耕农很乐意亲自耕田以及蓄养牲畜。

而且，成功的自耕农也可以去人力市场雇人来帮他。

就这样，一些自耕农，尤其是那些在城镇和市场附近拥有土地的人，通过用赚取的利润购买更多土地的方式不断扩张。自耕农因此而有了闲暇时间，这是佃农们从未有过的。

学着自由生活

虽然一个自耕农在自己的农场上铲粪同样感到舒适，但他也会利用空余时间让自己受教育。他会花钱学习写作和读书，也会去从事狩猎等乡村运动。

到了14世纪，一些自耕农成了他们所在地区的领导，如治安官、郡长、治安法官，甚至市长。因此，自耕农们很快就发展成为受人尊重且体面的中产阶级。

战斗的自耕农

贵族家庭中等级较高的家仆也被称为"自耕农"，这个名称通常被赋予贵族家庭中的特定分支，例如侍卫自耕农。

自耕农的地位处于贵族骑士之下，下层卫兵和家仆之上。著名的英国长弓手大多是自耕农，他们通常是骑行迁移，步行作战。在农村，自耕农通常被组织成多个军事分队，并在需要的时候为国王所雇佣。英法百年战争中的自耕农步兵是服务于国王的私人军队。

中世纪：生活在城堡里

新兴中产阶级——市民

在德语中，单词"burg"的意思是一个具有防御功能的地方。由于大部分的中世纪城镇都被筑有城墙的防御工事所保护，所以住在里面的人就被称为"burgher"（市民）。这些人是非常可靠的商人阶层，是中世纪社会的一支活跃力量。

城镇和乡村并不是独立的，它们在很大程度上都相互依赖。若周边乡村没有生产出多余的粮食，那么城镇就不可能发展繁荣。而小城镇所提供的食品市场也使得商人们能够足量供给更为专业化的商品，从而降低价格。

农民因此而受益，能够以更低廉的价格买到诸如烹饪器具和衣服等商品。而且，购物者尤其是自耕农，因为有了更多可支出的收入，促生出一个更大的手工业者群体来满足他们的需求。

繁华的街道

发展完善的城镇像磁铁一样吸引着农民。他们或是因为黑死病而迁移到这里，或是因为由羊毛贸易带动的畜牧业而被迫离开了自己的土地。他们的到来使得城镇人口有所增加。与乡村相比，城镇是一个丰富多彩、令人兴奋的地方。在整个欧洲，城镇几乎都是独立于贵族而发展的，因此城镇居民要比封建制度下的农民更自由。

城镇的商人市民不必去听从远在天边的领主的命令，他们遵循自己选举出来的市长以及其他市政官员的管理。他们为自己和家人而工作，而非某个男爵。他们直接向国王纳税。必要的时候，他们会自己筹钱，付给雇佣兵来保卫他们的城镇。

对教育的向往

春风得意的市民是良好市政治理的忠实维护者，因为一个治理有方、秩序井然的城镇有利于商业的发展。他们的身影活跃在教堂的慈善活动中，也经常给贫穷和有需要的人们捐献救济品。黑死病暴发后，有太多的

下图：奥格斯堡繁荣的巴伐利亚镇是典型的新兴贸易与制造中心，这里的市民在制定自己的法律方面享有前所未有的自由。新的繁荣使得这个城镇有能力建造大面积的防御墙，从而在动乱和战争时期保护城镇居民。

人仍然处于穷困潦倒的境地。

市民和自耕农的共同点在于对于教育的渴望。这是他们有了更多可供消遣的时间之后的自然结果。教育在他们抚养孩子的过程中占有重要的地位，尤其是对于男孩。这造成了对用本地语言所写成的课本的大量需求。不需要用传统的拉丁语编写的书是因为在教堂之外很少有人再懂这门语言了。

一座座建筑因此而建成，为中产阶级的孩子们提供基础教育。和贵族不同的是，普通市民绝不会把自己的儿子送到某个贵族家里当学习骑士。他会让自己的家人都在一起，让儿子们继承并扩大自己的家业，然后儿子再培养他们的儿子。

如果他的儿子接受的是非常正式的教育，这个孩子就有可能成为一名律师或牧师，当然市民也从不会因为儿子到某个行会去当学徒而感到羞耻（见第68-69页）。

色彩与品质中的地位

随着社会地位的上升，市民对于住房和服饰有了更高的要求。当时非常富有的行业之一就是制衣业，佛兰德人因此而闻名。但是东征归来的十字军士兵们也会从东方带回更具异域风情、更加轻便的衣料织物。

有的市民很可能是在家工作的，同时家也是招待其他商人的地方，其中有许多都是国外的生意伙伴。新兴的中产阶级带动了国际贸易的发展，人们开始要求一种比物物交换更好的支付方式，由此加大了硬币使用的需求（见第82-83页）。总之，市民的家舒适惬意，与旧时农奴的居所有着天壤之别。

上图：勃艮第的菲利普公爵正在接见一位贵族。他在将一本古书的译作献给公爵，后面是一座修道院的教堂和一个城镇，远处是一个更大的城市米希勒维克。这时候城镇市民（burgher，法语单词为"bourgoisie"）的房子看起来要比前几年漏风的住所舒服多了。

中世纪：生活在城堡里

市民的房子

虽然城镇房子的面积和复杂程度取决于其主人的富有程度,但其与乡村的庄园住宅确有许多相同之处。中世纪商人的房子集多个功能于一体——家、工作坊、办公室,还有临街商店。

1. 面向街道的一楼商铺,旋开式护窗白天作为陈设商品的临时支架柜台,晚上则会关闭起来。
2. 通向走廊的前门。
3. 两层楼高的客厅,中间为炉床。
4. 厨房、食品贮藏室和碗碟洗涤室所在区域。
5. 楼上有着简单家具陈设的卧室。
6. 邻里共用的简陋厕所。
7. 养着鸡和猪的后院。

大部分市民的房屋设计很大程度上由于拥挤的街道缺少空间而受到限制。城镇的地价贵,通常土地都是长而窄的一小块,从临街向后延伸。

一般的房子设计都是矩形的,墙的山墙端面向街道。房屋楼下临街的那一面被分成了商店和房屋的主入口两部分。后面是客厅,通常上至两层楼高。屏风或挂毯会在客厅隔离出一条通道,从房子主入口处通向厨房和食品贮藏室。

屋子中间的炉床能够在冬天生起炽热的炉火。烟从屋顶的洞中散出,洞口装有百叶窗。个别更富有的市民会在外墙外面建造烟囱,以便可以更安全地生更大的火,而且烟囱也能够将烟更高效地抽出去。

二层是一个或多个卧室,从大厅中狭窄的楼梯上去,可以到达整个客厅的露台。将上层的地板延伸至街道上方,便可以扩展房间的空间。

时刻存在的火灾风险

厨房及碗碟洗涤室有时是一间位于房屋后面独立的房子,院子将其与主屋隔离开来,或者也可能位于主屋的骑楼下。再往后是账房,若还有空间,也会建工作坊和仓库。它们或与房子相连,或被院子分隔开来。

有钱人家至少一楼的墙是用石头或砖建成的。但是大部分市民的房子是木质架构的篱笆墙,这就意味着存在火灾的风险。而相邻的房屋以及其上层的骑楼也大大增加了火灾蔓延的风险。

卫生间与隐私

尽管市民的房子与农民的小屋相比明显要舒适不少,却少有隐私。因为所有人都要聚在客厅取暖、娱乐消遣、吃饭甚至是睡觉。如果楼上还有一间卧室的话,那所有的孩子可能会一起住在那间房子里。一两个仆人会在碗碟洗涤室打地铺过夜,而所有的学徒则会去师傅的工作坊居住。

那时并没有像样的卫生设施。每天会有人从河边或城镇的井里运水。家里人最希望的可能就是偶尔能有一缸热水能供他们在大厅的临时屏风后面洗个澡。但是,也会有人去公共澡堂或者鱼塘清理个人卫生。

大房子会在厚墙里面掏建一个卫生间,小房子的卫生间则是建筑突出的一部分。卫生间的污物通过管道和沟槽排到房子后面的污水坑里。这些污物都会定期由淘粪人在夜间清理干净,并将污物运走。晚上,人们一般会用夜壶,排泄物通常会从窗户倒到街道上。

家居陈设

即使是在富人家里,家具也很少。典型的家具陈设可能包括盖有亚麻桌布的桌子、长凳、椅子、凳子、储物箱,还有小橱柜或架子,上面放着杯子、壶、锡器、刀具、勺子、碗和盘子。

房子是透风的,因为窗户上一般没有玻璃,只有百叶窗。有的商人会用削薄的牛角填补百叶窗竖框间的缝隙,这样会减少透风量但是还会让一点日光照射进来。只有非常富有的人才能承担得起装玻璃窗的巨额花费。

中世纪：生活在城堡里

百花齐放的着装风格

城镇居民能够买到的布料和奢华纺织品种类愈加繁多，男式和女式的都有。

自十字军东征以来，东方织工和制衣者的技术随着十字军骑士的归来而被引入欧洲。他们从大马士革带回了有着精细复杂图案的锦缎，从摩苏尔带回了轻透细密的平纹细布，从加沙带回了薄纱，从埃及则带回了一捆捆棉布。

这些纺织品使得中世纪后期的服饰一改早年间的单调。乏味的灰色和褐色服装早已过时，最新的时尚潮流是颜色鲜艳的紧身上衣和连裤袜、饰有貂皮或貂皮衣领的扫地斗篷及柔软的皮鞋。

上图：时尚的使者们穿着尖头鞋、有垫肩的紧身短上衣和长筒袜在拜见法国国王。

衣着考究的时代

乡村的着装与中世纪早期相差无几，依然是毛纺内衣、外套是粗糙的麻布袋般质地的衣服。但是在城镇，华丽才是关键词，时尚从未到过如此夸张的地步。

来自东方的独特染料使得色彩的大量运用成为可能，鲜明的条纹和五颜六色的菱形大方格非常受男士的欢迎。对于年轻男子来说，鲜亮的红色、绿色和蓝色以及色彩较为柔和的紧身袜子（长筒袜）才是时尚之选。

上身则穿短上衣（doublet），衣服从腰部向下呈喇叭状散开，形成短裙状。上衣可紧身，也可宽松飘逸。垫肩（mahoîtres）则使得这些年轻的刀锋战士风度翩翩而有力量。衣服上通常会有剪边装饰，剪边是在衣服边缘专门裁剪出的锯齿形装饰，下面通常会露出色彩对比非常明显的衣服。

脚——时尚的牺牲品

鞋的种类有很多，但一个典型花花公子喜欢的是鞋头长而尖的那种。有的鞋尖长到需要装上链条系到膝盖处，这样人才能安全地走路。

男子的头饰与其服饰的颜色相配，有时尚意识的男子很少会什么帽子都不戴。比较流行的是勃艮第高顶帽，但常见的还是更加扁平的宽边软帽，这种帽子通常会拖有帽尾，即一条末端搭在左肩上的柔软围巾。

上图：一位法官穿着宽大的斗篷，肩上还另挂着一顶披肩式软帽。

第四章 中世纪的城镇生活

女士所戴的一种精致的帽子叫作"汉宁帽",这是一种高高的圆锥形头饰,上面装饰有上过浆的像蝴蝶一样的双翼,或一块长而飘逸的纱巾从帽子顶端垂下,披在胳膊上。

网状的帽子(网状金属丝织品)同样也受到女性的欢迎。其中,有些帽子的形状极其复杂,尤其以带有宽边角的为时髦。

贵族们倾向于追随新市民时尚,有时到了极端的程度。例如,教会曾颁布指令,禁止年轻的贵族男子穿着过短的上衣,要求他们穿着紧身裤的腿部所露的范围不能超过教会所认定的合适限度。

禁奢法

教会和贵族反对在平民中流行的穿皮草、戴珠宝的奢侈时尚风格。他们认为,这些下层阶级的人在炫耀自己华丽服饰的同时,也在威胁着既有的封建秩序。

所以,许多欧洲国家都通过了《禁奢法》来规范人们的穿着,从而避免他们与贵族的艳丽风格相争锋。在执行这些法律的地方,商人只能穿黑色长袍、戴风帽。无论贫富,平民都比较喜爱这种帽子,它附带有一块短的披肩,能够覆盖到肩膀。但是许多商人,如下图所示正在贪婪地数钱的人一样,会像戴了包头巾一样将头用披肩缠起来,将《禁奢法》"施行"到了极致。

上图:戴着形似蝴蝶翼的汉宁帽的女士们参加一个婴儿的受洗礼。

航船状的帽子

女士的服饰则是千奇百态、花样繁多。常见的是一种低胸的裙子,其袖长可将手覆盖,身后拖着长长的裙裾(需要有一名女仆跟随以确保裙裾不会在通过泥泞的街道时拖到地上)。裙子的腰身高而细,上面会系一条宽腰带。

上图:男士鞋头愈加尖细的流行趋势变得荒谬可笑。

左图:勃艮第的博尔德公爵查尔斯的夫人,即波旁家族的伊丽莎白,戴着高高的圆锥形汉宁帽。

中世纪：生活在城堡里

商人联合

中世纪的行会指的是为了互相帮助和保护，还有促进会员的职业利益而建立的协会。中世纪的行会分为两种，商业行会和手工业行会。

中世纪早期，第一家商业行会建立，目的是在旅途中互相保护他们的马匹、马车和货物。在14世纪后期，他们最初的这些小目标发生了巨大的变化。商业行会得到了城镇政府的认可。这也不奇怪，因为那些最富有、最有影响力的市民都是议员。

而且，经常是非常有权势的行会之一把持着议会政策的制定，议会议员全部来自行会成员也并非稀奇之事。

无论是在远距离贸易还是当地城镇的生意中，商业行会都在密切地规范并保护着会员们的利益。每个行会也会与其他城镇或城市，甚至是国外的同行业行会保持联系。

行会控制着食品、布料和其他大宗货物的分配和销售，形成了一个强大的垄断体系。他们还形成了一个通信网，它超过了许多欧洲国家政府间的联系网。最强大的欧洲行会是汉萨同盟（见第89页），事实上它已自成一国。

手工业行会

手工业行会比商业行会形成的时间要晚，而且起初并未受到重视。手工业行会是指某个工业或商业分支中所有工匠和手工业者组成的协会。例如，有石匠行会、建筑师行会、织工行会、染工行会、刺绣工行会、书籍装订工行会、油漆工行会、金属工行会、面点师行会和皮匠行会。

这时候手工业行会已经同商业行会具有同样的影响力，并开始要求平分城市的领导权。手工业者们不像商人一样需要经常出远门，这个近水楼台的优势使得他们可以按照自己的喜好来治理城镇。

就这样，这些行会控制了城镇生活的许多方面，比如，某项技术能被多少师傅所掌握。作为一个团体，这些行会会员规范行业间的竞争，制定行业最低质量标准，防止压价，并且通过禁止外来手工业者来自己的城镇做生意以确保自己的垄断地位。

一个城镇熟练的手工业者通常在同一片街区拥有若干个家庭作坊，各个作坊间的师傅相互联系并共用学徒。手工业行会的成员们被分为三个不同的技术和地位等级，从高到低依次是师傅、熟练工、学徒。

某一行会的会员们正傲慢地站在行会会馆的大门阶梯前。有时候，一些最大的行会的会馆甚至会被当作市政厅，比如缝纫用品商商会（作制衣零件的商人）或布商，城镇议会会在这些地方公布当地的法规。

第四章 中世纪的城镇生活

左图：一位药商（药剂师）师傅正在得意地展示其学徒（坐着的）所学到的本领。

右图：与商人不同，工匠被束缚在自己的城镇中。但泥瓦匠是个例外，整个欧洲都需要好的泥瓦匠来修建城堡、教堂和大教堂。他们会在一个倾斜的遮蔽物下工作，这个地方被称作"棚屋"（lodge）。由于他们自由流动，因此被称为"自由的泥瓦匠"。

走向顶端的漫漫长路

师傅是指有经验的专家级别的工匠。他有自己的房子和工作坊（通常在一起），还有自己的专业工具。最重要的是，师傅是其所属行业行会的成员。因此，经行会批准，他就可以招收学徒来培训并且辅助他的工作。

师傅招收的学徒通常是青少年男子（女生不能当学徒），师傅为学徒提供衣食住以及教育。作为回报，学徒要免费为师傅工作一段固定的时间，一般要5到9年。在学徒期结束的时候，学徒就会变成熟练工，可能会继续为其师傅或另一位师傅工作，但会得到微薄的薪水。

许多工匠都会在余生的工作生涯中止步于这一级别，若要再往上一级，熟练工必须通过做出一个杰作来向行会证明其技艺水平。

若得到认可，行会会宣布其成为师傅以及正式的行会会员。然后，他就可以建立自己的工作坊，招收并培养学徒。但是，即使是最娴熟的工匠可能也要等好多年才能成为师傅。因为行会会规定在某个时期的师傅的数量，晋升常常是一件遥遥无期的事情。

上图：市民们所做的善事还包括修建弃婴（孤儿）医院，并为穷人及他们自己的行会会员建立医院。

右图：中产阶级的孩子们这时可以在新建的一所文法学校中接受基础教育，并由教士来教授。

行会的福利

商业行会和手工业行会都会为其成员提供相似的附加服务。他们会为较贫穷的成员提供丧葬费，为寡妇和孤儿提供帮助，为穷苦人家出嫁的女儿提供嫁妆，给会员投买医疗保险，而且还关爱患病的人并为他们提供所需物品。

作为教堂会众的重要成员，这些行会会修建小礼拜堂、给当地的教会或大教堂捐赠窗户，还经常会资助花费不菲的教堂扩建。他们同时也是行会成员和其他市民的道德监护者。

行会对于中世纪最大的社会贡献可能在于创建并资助了文法学校，这些学校让会员的儿子们能够接受教育。

69

中世纪：生活在城堡里

教育和大学的兴起

数百年来，仅有的几所学校一直处于教会的管控之下，但市民阶级的兴起后教育需求大大增加了。

那时人们普遍认为地球是一个扁平的圆盘（如上图所示），且太阳是绕着地球转的，但当时的新锐哲学家们提出，是地球绕着太阳转。罗马天主教会因此而将他们视为异端分子。

修道院仍旧是欧洲最古老的学习中心，但是它们只是修道之地，而并非教授神学和哲学辩论的地方。保持这样的一种存在方式，因此修道院的教授对象主要是修士而非儿童。

12—13世纪，在大城市兴起的教堂学校也与修道院学校扮演着相似的角色。它们是培养未来牧师的神学院，一般只有不到100名的学生。

鉴于许多学生未来是要成为行政人员而非神职人员，人们开始强调通识文科的教育，尤其是哲学和文学的学习。一些教堂学校开始突破了纯宗教的教学限制，发展出了特定领域的专业。例如，在法国奥尔良，文学研究最为知名，巴黎是哲学和神学，而意大利博洛尼亚则是因为罗马法研究而闻名。罗马法是欧洲司法体系的基础（见第74-75页）。这些学校后来都成了大学。

学习阅读和写作

在中世纪早期，儿童教育是很少见的，只有贵族精英的儿子们才能接受宗教教育。但随着城镇的发展和商人中产阶级的兴起，新型的儿童学校开始涌现。

这些文法学校通常是由神职人员开办的，但他们会教许多城镇居民的孩子们阅读、写作和计数，也会教宗教知识。商人的儿子若在学校表现出色，就会去其中一所新兴的大学里进行深造。

高等教育

大学与其他类型学校的区别在于其有自己的官方章程（由皇室或教会官方机构授予），被称作一套规章，其赋予了大学自治的权利。

许多大学（university）都是由教堂学校发展而来，比如巴黎的大学，在1150年之后开始发展，并于1215年有了自己的章程。索邦神学院（巴黎大学前身）于1257年开始向大学转变。"大学"（universitas）一词意为"全部"（universality），指全部的学者，既包括教师，也包括学生。

第四章 中世纪的城镇生活

12—15世纪大学的分布

哲学系

大学分为四个科别（faculty），分别是人文、法律、医学和神学。人文是更高级别学科的基础学科，古代哲学的研究是人文学科的重要组成部分，但教会并不支持学校教古代思想家的内容。例如亚里士多德（前384—前322），他主张人高于任何神的需求；还有阿利斯塔克（公元前270年），这两位古希腊的思想家都是日心说学家，即主张是地球绕着太阳转，这与教会的地心说是相矛盾的。教会主张是太阳绕着地球转，地球是整个太阳系的中心。

压制新学潮

大学的本质使得欧洲各地的大师和学生们聚到了一起，拉近了彼此的距离，由此激发了学术研究的繁荣，其中就包括有着令人着迷的革命性新思想的哲学。同时，这么多精力充沛、思想活跃的年轻人共同生活在一个自治的团体中，很容易生出是非。

大量的酗酒引发激烈的辩论，经常还会拳脚相向。这些学生可能乐在其中，但当他们的争斗蔓延到城镇街道上时，市民们就遭了殃。因此在英国著名的牛津大学附近，学生与百姓之间的关系很紧张，城镇居民和学生团体之间经常会有公开的冲突。

学生间的嬉戏打闹只是这些躁动的年轻人释放精力的自然选择，教皇禁止了诸如亚里士多德等大家的著作的教学，由此引发了全体教职工的骚乱。这样一来，教会的领袖们对现代大学产生了深刻的怀疑，并在激烈的街头争斗中颁布了关停几所大学的公告。

71

右图：吟游诗人（troubador）或吟游乐师（minstrel）环游欧洲。他们是中世纪讲故事的人，许多新书的内容都取材于他们的浪漫主义诗歌。

左图：19世纪的一幅版画，描绘了罗兰之死。罗兰是中世纪一位骁勇的骑士，他曾在隆塞斯瓦耶斯隘口战役中（the Battle of Ronçesvalle）与摩尔人战斗。《罗兰之歌》是当时非常受欢迎的主题之一。

下图：乔叟极受欢迎的短篇小说集《坎特伯雷故事集》中的一页。该部小说集讲述了朝圣者的故事。

书籍和新文学

更多的可自由支配收入、增加的闲暇时间和对于教育的渴望使得新兴中产阶级有了阅读的需求——不仅仅是读传统的教会读本，还有非宗教文学。

在中世纪早期，除了牧师之外，几乎没有人会识字、能阅读。而且几乎所有的读物都是基督教题材。加上印刷出来的都是拉丁语读本，拉丁语是教会和法律使用的语言，而非平民所使用的，情况因此而更加糟糕。

在整个欧洲，本地语即当地的非拉丁语，如德语、法语或意大利语，仅仅被口头使用，很少被写下来。但英格兰除外，因为从9世纪起，在英格兰的法律文件和一些诗歌中就开始使用书面英语了。

雕版印刷

创造了新的繁荣，接受了更好的教育之后，人们开始要求使用自己的语言来书写文字，用本地语言写成的书籍相应地也越来越多。曾经为受过教育的教徒专属的《圣经》炙手可热，但对于浪漫诗歌和怡情散文的需求也在增多。

以前，书籍是由修士在缮写室（scriptoria）抄写而成的，这种耗时的办法意味着书的产量会很少。而雕版印刷改变了这一切。在大块木板上雕刻字母和图像仍旧是一个耗费大量人力和时间的过程，但一旦完成，一块雕版就可以用来印成百上千张纸。

将一张纸铺在刷了墨的雕版上，然后用一个滚轴在上面滚压便可印出一页。在这一时期，还发明了一种更好的具有革命性的书籍印刷术（见"古登堡印刷术"）。

书籍故事

在市民中受欢迎的往往是那些主要内容为冒险和浪漫爱情、讲述旧时骑士的英勇事迹和少女忧伤的书籍。9世纪的法兰克王国历史学家艾因哈德（Einhard）所写的讲述查理大帝生活的浪漫诗篇，以及由蒙茅斯的杰弗里所撰写的历史改编而来的浪漫故事《高文爵士与绿衣骑士》都是当时人们所喜爱的取材于历史的书籍。

法兰西史诗《罗兰之歌》以及西班牙英雄史诗《熙德之歌》也是如此。但当代的小说，例如《尼伯龙根之歌》、沃尔夫拉姆·冯·埃森巴赫的《帕西法尔》及法国作家克雷蒂安·德·特鲁瓦的故事系列销量更高。

荒诞故事系列

毋庸置疑，在这一时期最常被人们提起的作品就是英国人杰弗里·乔叟（1345—1400）的《坎特伯雷故事集》。

乔叟本人的一生就像是一部浪漫的作品。他出生在伦敦一个富裕的中产阶级家庭，曾经广泛游历欧洲，受到了法国和意大利文化的影响。他曾在国王手下工作，担任过国际外交官、国王的文书，其赞助人是英国摄政王冈特的约翰（爱德华三世的儿子英格兰国王）。

《坎特伯雷故事集》是关于一行朝圣者在去参拜坎特伯雷大教堂的圣贝克特神殿的路上为了娱乐消遣而讲述的一系列故事。这些不同的故事诙谐有趣，而且以当时的标准看来颇为粗俗，它展示了那个时期的民间方言。

这些故事也引起了教会的不满，但书已出版，无法挽回。人们在阅读中对于生活了解得越多，越能够理解《圣经》中所写；对于古罗马和古希腊的哲学作品读得越多，他们就越质疑罗马天主教会对于基督教教义的解读。

古登堡印刷术

约翰内斯·古登堡（1369—1468）是一名德国金匠，因创新了活字印刷机器而闻名。与将整页文字刻进木板不同，古登堡印刷术是将文本分成单独的组成部分——大小写字母和标点符号。

首先将字母刻进一个钢质压块的端面中，形成一个精确的反向字母。然后，将压块锤入较柔软的矩形金属块中，如铜块，便在金属块上形成了凸出的字母模型。

接着这些单独的字母块被排列在木质模板上形成单词。木质模板上有凸起的铅轨来使文本呈直线且垂直均匀分布。

当排好一页的版后，字母被固定好的木质模板会被放在印刷机上上墨，然后印在一张准备好的白纸上。由于金属制的字母要比木制的更耐磨损，因此可以比以前多印很多张。1452年9月30日，用古登堡技术印刷的《圣经》出版，它是西方历史上第一本活字印刷的书籍。

中世纪：生活在城堡里

杂乱无章的法律

中世纪的法律变化不定，有四个部分重叠又相互矛盾的审判和司法体系。无论是运用哪一个体系，对于平民来说，结果都是残酷的。

在一个大型的审讯会上，一位贵族被判定犯了叛国罪。

若没有法律和秩序，社会就很难进步发展。但大部分的法律似乎都是为神职人员和贵族的利益服务的。这些当权者惧怕穷人，只是因为穷人要比富人多，任何的反抗都可能是破坏性的。所以，他们设计了刑罚来阻止犯罪者，并以这种令人恐惧的手段警告其他人，使他们规范自己的言行。

旧法的残余

尽管中世纪最为古老的欧洲法律已不被承认，但在一些难以管制的城市和乡村地区，其影响仍然存在。旧法的基础是日耳曼蛮族的传统习俗，这些蛮族最后入侵并终结了罗马帝国。旧法的原则是"以其人之道还治其人之身"，依靠报复来实现正义。

假如一个宗族的成员对另一个宗族的成员造成了人身或者财产上的伤害，受害者的亲属就会通过仇杀来寻求报复。

这一制度有一个明显的缺点，那就是如果被告宗族认为原告宗族过度报复，他们可能会再伺机报复回去。这种"以牙还牙"的情况可能会持续多年，而仇恨的最初原因或许早已被遗忘。

蛮族规定

对于这种支配宗族间仇杀的规则所造成的混乱情况，解决的办法就是将这些传统规定归纳成文，也就形成"蛮族法典"。在这一体系下，产生争端的双方会让他们的部落首领来充当仲裁者。但是，任何决定都要求证事件的事实，由此发展而来几

种流传下来的证实方法。

第一种，表面上看来也是最合理的一种证实方法，叫作"宣誓断讼法"。这种方法要求被指控犯罪的人发誓证明其清白。他也可能被要求说服其宗族或家庭中的一些具有领导地位的成员和他一起发同样的誓。但如果被告最后被发现是在撒谎，他和其所有的同谋都要接受同样的刑罚。

第二种方法叫作神断法。被告会被迫经受几种审讯方式之中的一种来证明自己的清白。在浸水审讯中，被告会被绑起来扔进一个经过牧师祝圣的水塘。因为圣水不会接受一个撒谎者，所以有罪之人就会浮起来，而清白者则会沉下去。

神断法中还会用火。被告要拿着烧红的铁块走上三步。随后他拿过铁块的手会被缠上绷带。三天过后，若伤口愈合，则无罪；若没有好转，则有罪。

第三种证实方法叫作决斗裁决。这一方法的依据是人们确信上帝不会让有罪之人得逞。原告和被告会同时进入决斗场，一直打斗到有一个人胜利或者有一个人倒在地上死去。许多时候，尤其是在贵族中，决斗双方都不会亲自上场，他们会选择让斗士来替自己决斗。每个斗士都会发誓捍卫他们所代表之人的权利，而在随后的战斗中，上帝会使清白者变得强大。

罗马法

在意大利的博洛尼亚大学，老师们发现了编纂于6世纪的《查士丁尼法典》。这部法典汇编了早期所有的罗马法，将所有矛盾的地方都做了合理化的解释，这样所有人都有法可依。这部法典体系精密且强调国家权力至高无上，因此受到了君主们的推崇，但经常会引发与教会的冲突。

教会法

教会掌管很多事务，包括宣誓、圣事、遗嘱、结婚和离婚，甚至也涉及许多商业契约。教会也负责处理所有的异教事务，还有涉及神职人员的案件。

教会指令的执行依据是教会法。它是由教会当权者制定或采用的一系列法律法规，用以管理各个地方的基督徒。违反了教会法的人可能会遭受绝罚（被开除教籍）甚至被活活烧死。

普通法

由于王室、教会、平民，特别是新兴的中产阶级有着不同的需求，本地法律和习俗规定开始减少，且形成了一套综合的法规，这就是普通法。

但不论人们将这种普适性的法律制定得有多公正，犯罪的后果往往还是面临一个可怕的、与所犯之罪相当的刑罚。

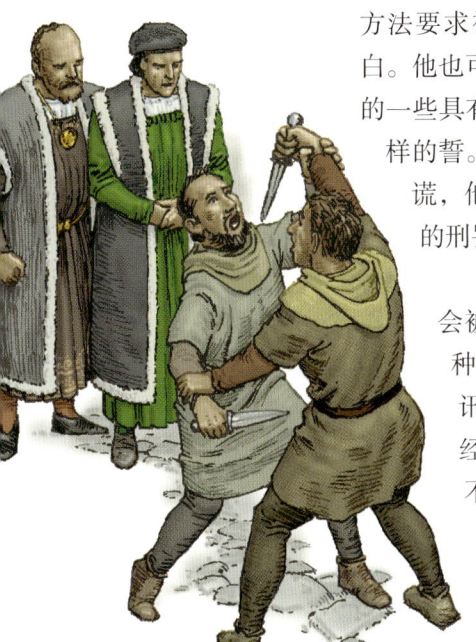

上下两图：许多被告都会忍不住认罪，而避免决斗裁决或被绑着扔进水塘。

右图：博洛尼亚大学的一位法律讲师正坐在他的讲台上。

中世纪：生活在城堡里

罪罚相当

对于在神断裁决中幸存下来的被告，或者在"宣誓断讼法"下被法庭宣判有罪的人来说，未来一定是充满痛苦和耻辱的，也有可能时日无多。

当时的罪犯并没有改造（rehabilitation）这一环节，而且监狱也极少，因为修建和管理都需要花钱。将罪犯断肢然后放走或直接处死要省钱多了。在中世纪，刑罚就是要施加痛苦，是社会对于犯罪的报复手段。即使是最轻微的罪，也会有严厉的刑罚。

小偷会被砍掉双手，犯谋杀罪的女人会被勒至奄奄一息然后烧死，任何有偷盗行为的人可能会被割掉双耳，武装抢劫会被处以绞刑。

以儆效尤

若是犯了严重的叛国罪，罪犯就要受到可怕的刑罚——绞刑、掏刑和分尸。在被游街示众后，罪犯会被勒着脖子吊起，在奄奄一息时放到地上。然后刽子手会将其肚子剖开，"掏"出内脏，接着将死的罪犯会被刽子手分尸成四等份。

用刀或斧头斩首的死刑是为贵族保留的，被砍下的头颅通常会被长矛插着挂在城墙或桥上示众。

大部分城镇都在城墙外设有绞刑架。罪犯被执行死刑后，他们的尸体会被挂在绞刑架的钩子上曝尸几周，以警示他人。

然而，这种可怕的警告并非总能起到预想的效果。1202年，英国的林肯市通告了114起谋杀罪，89起暴力抢劫罪，有65人在斗殴中受伤，但是只有两人被处死。林肯市的许多罪犯似乎都逍遥法外。

公开的奚落

若是初犯且罪行轻微，则会被锁在上刑枷锁中待一段时间，比如在公共场合醉酒、不付租金或大声辱骂权贵市民。尽管枷锁造成的不适让人很痛苦，但这一方法的惩罚之处更多在于公开羞辱，因为人们会朝着被锁的人扔臭鸡蛋和菜叶。

而爱唠叨的人——责骂丈夫的女人，则会被判处坐浸水椅或戴一段时间的"责骂者的马笼头"。这两种惩罚措施都会给人造成身体上的痛苦，同时也是一种公开羞辱。

被指控会巫术的女人会受到和异教徒一样的惩罚。异教徒是指公开反对教会的教义之人。这两种人将会被绑在一根桩子上，下面是干枯的木料堆，然后在公众面前被活活烧死。

中世纪刑罚的种类有很多，受刑者的痛苦往往是围观者的快乐源泉。

第四章 中世纪的城镇生活

左图：对于犯了轻罪的人来说，在颈手枷上公开受刑是一段屈辱的经历。还有一种相似的刑具，叫作上刑枷锁，这种刑具只会拷锁双脚。

左下图：对于爱唠叨的人的惩罚，是给其戴上极不舒服的"责骂者的马笼头"。

右下图：挤压刑是一种会致死的酷刑。

恐怖的刑拷者

严刑拷打被广泛运用于逼供和惩罚中。在经受刑拷者的拷打"技艺"后，就算后来被释放，也很少有人能活下去。刑拷者所用的工具能列一张长长的名单。

这些刑具中有嵌入脚趾甲的木楔、将双颌强行分开的夹钳、切断舌头的剪刀，以及铜鞋，里面会灌满熔化的铅水。还有拇指夹、压脚器以及铁钉椅等很多脑洞大开的工具。

常见的刑拷形式之一叫作挤压刑。受刑者面部朝上躺在地上，一块大木板放在其胸口上。然后，施刑者会往上面放重石，并不断加大数量，受刑者会被重压慢慢压垮，通常都会死去。

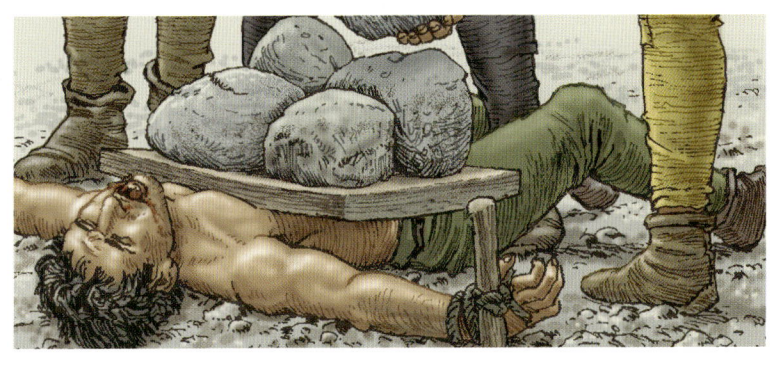

感谢上帝

不管是何种刑罚，它们的共同之处在于施刑这一事件的公共性。无论何时，只要通告有绞刑或要烧死罪犯，城镇居民就会聚集到施刑现场观看，这是他们一天中的大型娱乐活动之一。从对别人的惩罚中取乐似乎是一件冷酷无情的事情，但对于很多人来说，这种快乐的原因很简单，那就是死的人不是自己。

中世纪：生活在城堡里

城镇客栈

村庄中原先不过是一个棚屋中的简陋酒馆，在大城镇摇身一变成为中产阶层的大型社交中心，一个集交友、八卦和娱乐于一体的地方。

路孚德最大的客栈塔巴尔不仅仅是一家酒馆，从多个意义上讲，它的角色都是信息交流的中心。酒馆房屋排列分布在一个大院子的三面，坐拥马厩（里面有马夫照顾旅人的马）、大厅、设备精良的厨房以及位于楼上的几间客房。

客栈同时也充当着一种邮局的角色。因为经过的人们会在这里留下口头或者书面的信息给其他旅客或者城镇居民，客栈的老板会在收信人出现在客栈后将信息传递给他们。

对于当地的商人、工匠和自耕农来说，塔巴尔比市政厅氛围轻松，是可以供他们交流新闻和八卦的会议厅。在这里，绅士们可以喝一品脱（约568毫升）麦芽酒或一杯葡萄酒，或者享用一顿美味的炖肉来放松。他们会讨论城镇的政治、宫廷王室的荒唐行为，也会抱怨城镇议会差劲的决定，大多时候都在讨论如何改变这个世界。

难以入眠的夜晚

尽管楼上只有6间客房，但热闹的时候，晚上会有20位或者更多的客人留宿。这时，店家就会让四个人挤在一间房子里，坐在铺着稻草床垫的窄床上吵吵闹闹。

要入睡很困难，因为楼底下的客人在不断地吼叫。当店家无法忍受这些人的时候，一般就会将他们赶出去。楼下的院子里，"咔嗒"的马蹄声划破夜空，那是晚归的客人刚刚抵达，抑或是早起的赶路人再次踏上旅程。

然而，客栈有一处非常舒适且受欢迎的项目，那就是另付一点钱，客栈就会为客人准备好一个装了热水的浴盆，客人便可以洗个澡。

78

第四章 中世纪的城镇生活

舞台上的收入

客栈的院子里常常会有流动的演出班子驻扎。他们会在院子的一角用木板支起一个摇摇晃晃的舞台，然后向戏迷们收取一笔入场费。由于客栈老板可以从门票收入中分得一杯羹，而且也受益于剧场带来的客流量，以及客人们所点的饮品，演出团队总是会受到店家的欢迎。

魔鬼之酒

但在塔巴尔的主要活动还是喝酒。在客栈后墙外面，也就是厨房旁边，是客栈的啤酒发酵屋。但是客人每天狂饮消费掉的酒量非常巨大，大部分的酒还是从外面买回来的。

和其他所有城镇一样，路孚德大部分的街道上都布满酿酒商。大部分的酿酒师都是女性，酿酒师是女性从事非常多的职业之一。啤酒和面包一样，是生活的必需品，在这个磨面和烘焙都被严格垄断的地方，人们可以随处自由地从事酿酒业。

狂饮经常以醉酒所引发的不幸事故告终。所以人们常会听到这样的事情发生：一位醉醺醺且喝到吐的绅士在半夜回家的路上摔倒，撞在了一块石头上，整个脑袋都破了。还有一位男子掉进了市集的井里溺亡，和那位在水塘里撒尿后来掉进去的人一样的结果。

不仅只有男人们受害于过度饮酒。一个孩子曾从醉酒母亲的怀中滑脱，掉进了炉床上平底锅中滚烫的牛奶里。

但是，一位不知名的修士对于饮酒问题却说了这样一句话："饮酒者能安眠，能安眠者不会犯罪，不会犯罪者能进入天堂。阿门。"

1. 用于喝酒吃饭的主要公共空间。
2. 繁忙的厨房。
3. 客栈的酿酒屋。
4. 庭院。
5. 置放旅行者马匹的马厩。
6. 流动演员们在为演戏做准备。
7. 狭窄的客房。

食物，尤其是常见的炖菜，是被放在一片厚厚的旧面包上端上来的，这块旧面包叫作食盘（trencher），源自法语词"trencher"，意为"切"。把饭吃完后，如果还是饿得要命，也可以把食盘吃掉，然而门外还有很多穷人在期待这些浸满酱汁的面包片。

市集上的娱乐活动

人们大部分时间都在辛勤劳作，因而一年一度的贸易集市深受欢迎。人们难得有时间和亲朋邻里聚在一起，尽享欢乐。

在整个中世纪，君主们都支持开办贸易集市。这一方面是为了发展贸易，另一方面是可以通过向商人们售卖的商品征税而获利。路孚德的年度集市在夏初举办，会持续几天，地点就在城墙外专门为它预留的草地上。

在到达集市的数小时内，商人们会建立起一个名副其实的帐篷之城，每天都会有城镇居民涌至帐篷街乐玩。集市的商业交易在一种狂欢的氛围中完成。踩高跷的人高踞于人群中，杂耍艺人和杂技演员展示着他们的技艺，而乐师们则弹着鲁特琴（lute），敲着塔波鼓（tabor），为人们带来快乐。对于平民来说，与教会和大教堂乏味的吟唱相比，这种民间音乐更让他们感到兴奋。

逗熊游戏和"怪物"

集市上还有很多付点钱就能观看的助兴节目。有动物参与的表演最受欢迎，比如斗狗的节目和斗鸡表演。但吸引观众最多的是逗熊池，一个用木架围成的圆形场地，里面还配有座位。

熊被拴在场地中心一根粗壮的木桩上，然后一群狗就会被放入池中。它们被熊有力地暴击打飞出去，有的也能在熊身上野蛮地撕咬几口。结果必然是熊胜出，这也是逗熊池主人想要的结果——狗不值钱，熊却不一样。

其他场地则会为人们提供观看"怪物"这种娱乐活动，比如身有残缺的不幸之人和身怀绝技的大力士，还有让年轻男子展示自

己棍棒之术的地方。

宗教戏剧和民俗戏剧

一年一度的集市也是人们观看戏剧表演的时机，剧目的题材可大致分为世俗和宗教两种类型。演员通常会戴上面具或画上浓妆，上演主题为双重人格和复活的戏剧。这些带有异教色彩的寓言式戏剧一般会包含一个善与恶的斗争情节。戏剧的主角通常是一个拥有神奇药水的医生，他能够让一个被杀死的人复活。有的演员会在腿上系着铃铛，表演一种叫作莫里斯的复杂舞蹈。

看好你的钱包

集市上会有骑马的卫兵巡逻并严格监管。这样也好，因为聚集的人群总能吸引来形形色色的小偷，有扒手也有诈骗者。扒手有时候会单独作案，用一把锋利的刀从一个没有防备之人的皮带上将其挂着钱包的皮条割断。

有时候也会两个人配合作案。一个人会用一颗干豌豆和三个顶针表演一些简单的把戏来分散受害者注意力，然后另一个人就会将钱包趁机偷走。诈骗犯们则很狡猾，他们用编造的谎言让人们上当并将钱骗走。

在一顶颜色鲜亮的帐篷里，有一个专门的集市法庭，叫"灰尘脚"（即字面意义上，覆盖着灰尘的脚）。意思是在这里，当事人还没来得及掸去脚上的灰尘，纠纷就已经被解决了。

中世纪：生活在城堡里

货币制度与银行业

一直到中世纪后期，硬币仍然是稀有之物。但随着城镇和商业贸易的发展，越来越多的硬币被铸造出来并进入流通领域。

许多欧洲国家的贵族曾使用过的古老硬币仍在流通，有金币，还有更为常见的银币。由于这些硬币的金属价值与其面值等值，因此无论硬币源自哪一个国家都不影响其使用。制造银币的大部分金属银都来自萨克森，那里有几座丰富的矿产。

自加洛林王朝起，流通的基本银币单位叫作第纳尔（原本是古罗马货币制度中的最小单位）。12第纳尔等于1苏勒德斯或1先令；20苏勒德斯等于1镑。格罗由银币（grossus denarius或groat）于后期被引入，100格罗由相当于1先令。在德国，1马克银币等于13苏勒德斯加上4第纳尔。

在地区或地方流通的货币有英国镑和法国巴黎镑，另外几个法国城市也有自己的货币。还有一些金币，比如德国的奥格斯泰勒（augustale，见"真相盒"）、英格兰的便士金币，以及所有货币中流通最为广泛的佛罗伦萨和威尼斯货币——弗罗林（florin）。

城市发展拉动的货币需求

城镇及其商业的发展使得日常对于货币的需求更甚。人们开始越来越多地使用硬币来交税。如此一来，就需要一个可靠的金融机构来满足商人、贵族领主和教会日益增长的需求。银行由此而诞生。

左图：一天结束后，一位商人用计数板计算自己赚了多少钱。

真相盒

被称为"奥格斯泰勒"的德国金币一直流通了几个世纪。在德国方言中，该货币的名字被缩短为泰勒（thaler），这也是"dollar"一词的来源。

第四章　中世纪的城镇生活

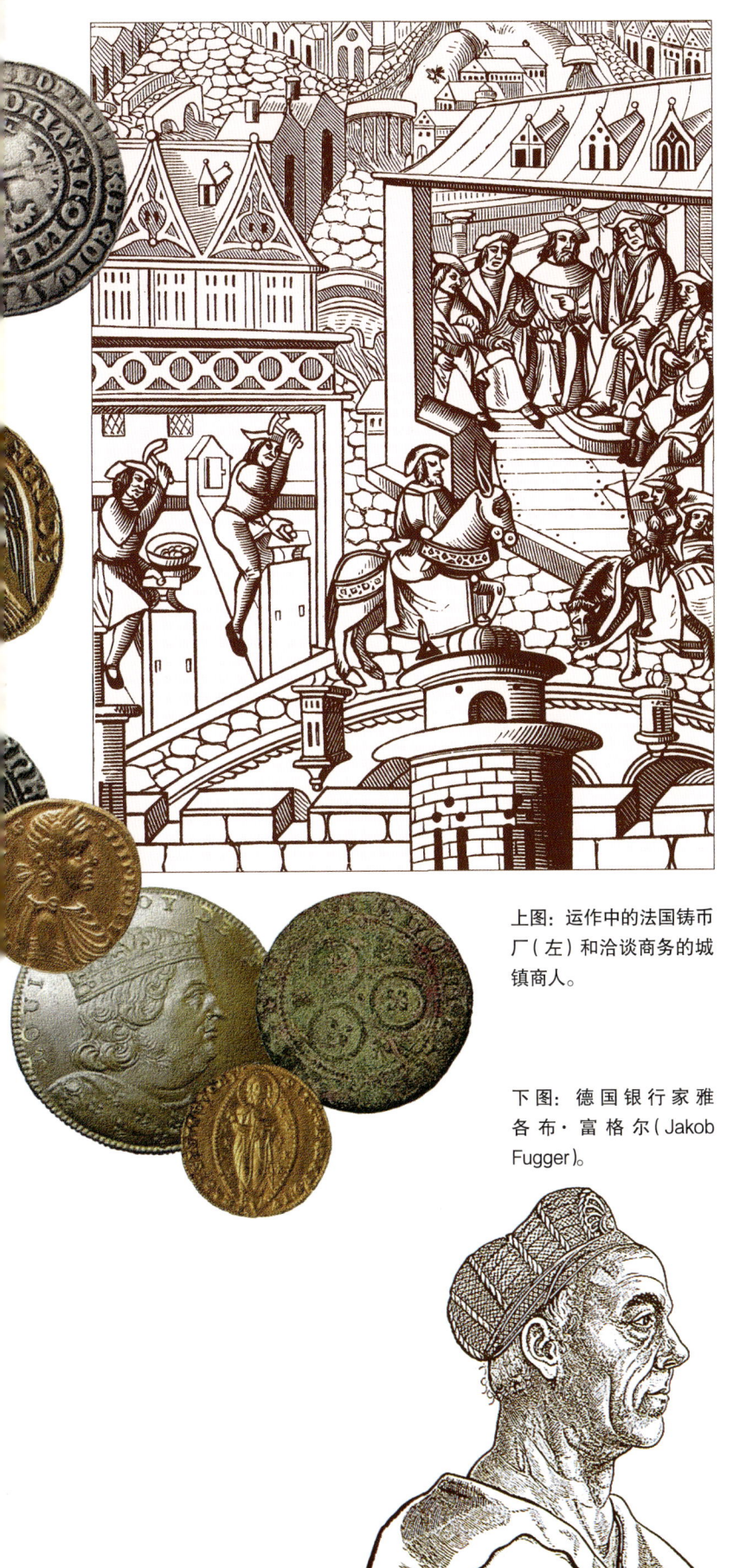

上图：运作中的法国铸币厂（左）和洽谈商务的城镇商人。

下图：德国银行家雅各布·富格尔（Jakob Fugger）。

教会禁止基督教徒放贷（放贷是指借出钱款，并索要利息的行为），所以刚开始是由犹太人来扮演这个重要的借贷角色并借钱给贵族和王室。但是许多次大屠杀几乎清除了欧洲城市中所有的犹太人，所以后来货币交易多由圣堂骑士团或医院骑士团这样的十字军宗教军事团体来操办。

由于这些团体的军事力量强大，因此他们的驻地相对能少遭抢劫，而且团体中成员的虔诚也意味着他们的诚信无可指摘。他们的办公地点分布于全欧洲，因此人们可以在一个分支机构存入大笔钱，然后在另一个国家的分支取出同样数量的钱。从这个方面看来，这些人扮演的是银行家的角色，他们会发放信用证，并管理存款、取款和转账。

贷款问题

教会对于贷款的禁令扩大到了反对银行向存钱的客户提供利息。中世纪的银行家们通过签订《康曼达契约》解决了这一问题。契约中，一方为一个风险投资项目提供资金，而另一方则承诺返还投资所得利润。这样以分成投资利润的方式代替支付存款利息（教会视此为贷款），也并未违反教会的任何规定。

投资银行提供的其他业务也给商人们带来了好处，例如，以透支形式提供短期贷款和不需要商人在现实中经手任何钱款的异地转账功能。

银行涌现

英国与欧洲大陆分离，因此英国不具备成为银行业中心的地理优势。最大的银行一般都于德国和意大利北部的城市繁荣壮大，这些城市坐落于欧洲的交叉要地。许多意大利和佛兰德的大银行相互之间以及与法国、英国和德国的附属商行都签有协议，这些商行大部分都属于富格尔家族。

在这个时期，投资者可以投资别国的企业，国王也可以从别国的银行借钱。体系愈加复杂的国际投行为银行世家带来了巨额的财富，如佛罗伦萨的美第奇家族和德国奥格斯堡的富格尔家族。

中世纪：生活在城堡里

城镇的商业贸易

在欧洲，除了采矿业，没有哪个行业能大规模发展至接近产业化的水平。大多数情况下，一个典型的工匠工作坊就是一座独立的小建筑。

正如我们前面所提到的，城镇的工匠们会招收一个或多个学徒来帮工，而且许多工匠都是行会成员。行会是一种保护性组织，它们会监督城镇所生产的产品的质量、管控价格并裁定商人或顾客间出现的纠纷。商品成型之前往往要经过几个工作坊，每个工作坊的师傅会用其独有的技艺对商品进行加工。

商人、银行家或行会则是代理商的角色。他们会承接订单并将生产配额分配给各个工作坊。最后又会负责将成品收集起来并装船运走以赚取一些费用。

城镇及其临近地区有许多工匠、学徒、熟练工和普通的工人。

老手艺

皮革加工是比较重要的行业之一。皮革被广泛运用于许多产品中，从铠甲到门铰链，从水桶到精良的书籍装订都会用到。

兽皮的熟化和鞣制过程是这个行业中比较肮脏的步骤，这项散发着恶臭的工作大部分由雇佣的工人来完成。一旦处理好后，兽皮就会被运到工匠的专业工作坊中，在那里会根据成品进行定型、制作和装饰。

质量最好的产品可能会是马鞍、时尚的腰带、装饰精美的书籍封面和剑鞘。所有这些产品上面都会装饰有凸起的压印或剪裁后的图案，同时还运用了金银丝（精细的金属丝）精工技艺，色彩丰富多样。

金属工人一直很抢手，他们的工作是加工黄铜、青铜、铁、钢还有像金、银这样的珍贵金属。还有制作铠甲兵器和黄铜马饰的专家、打造饮酒容器和餐具的锡匠、制作精美首饰的金匠和银匠、锁匠，以及为教会工作的钟表匠（见"计时"）和铸钟工人，教堂对钟的需求量很大。

许多较小的工作坊则会制作一些普通的零件，比如钉子、门铰链、门把手、鞋钉及农具。

陶艺坊则会生产大量的家用器皿，有最廉价的，也有专为富裕人家定制的精美产品。玻璃制品再次流行了起来，尤其是用于制作富商的酒具和房屋窗户。最出色的玻璃工匠是那些为教会和大教堂做彩色玻璃窗的人。

其他更为古老的手工职业还有角制品加工匠、木匠、木头和石头雕刻家、石匠和纺织工。但随着用轴式纺锤手工纺棉的方式被纺车取代，纺织业经历了一次革命。纺纱机在纺纱轮上增加了一个脚踏板来驱动纺车，纺纱的时间因此大大缩短了。

页面最左图：用金和银雕刻成的圣人像。

左图和上图：来自一本祈祷书的封面，一个银质胸针和一个镶嵌着宝石的耳环。

上图：
索尔兹伯里大教堂的钟是欧洲最古老的（于1386年制成）。如图所示，齿轮的转动由重物来带动，钟没有表盘，以响铃鸣声报时。

计时

以前，只有修士才需要知道时间，因为他们的一天严格地分为工作和礼拜两部分。但繁忙的城镇居民发现，如果人们因为不知道时间而无法在相同的时段遇上，商业活动就很难有效开展。于是，钟表不再是修道院的专属物品。许多行会大厅或市政厅，以及地方教区的教堂都装上了新的机械钟。有了钟表以后，时间被分成了固定的单位，而不再依靠特殊事件或者按天来计算。而在有钟表以前，人们是通过观察太阳和月亮来决定工作、吃饭和睡觉的时间的。而现在，从起床到睡觉，人们的一天被一个显示器规划管理，生活变成了朝九晚五的模式。

上图：在所有的金属工匠中，锻工（blacksmith）是最重要的手艺人，因为日常生活中的许多物品都需要用锻造的金属制成。

右图（自上而下依次为）：中世纪由彩色玻璃制成的小杯子、透明的圆锥形玻璃大口杯、法国陶质水壶（小型的用作水杯）。

右图及下图：教会圣坛上的一幅精美木雕，描绘了耶稣的十二位使徒；装有脚踏板的法式纺车。

中世纪：生活在城堡里

上图：矿井深处的积水可能会将地底的隧道淹没，因此需要将其抽出。

右下角图：一座石灰窑。

采矿——从手工走向产业化

采矿这项曾是小家庭或者合作性的团体所从事的活动正在逐渐走向产业化。除了铁矿之外，人们对于其他种类矿物的开采量也在增长，这其中包括银、铅、铜、金和无烟煤。

随着人们对矿石的需求增多，尤其是用于制作硬币的贵金属，矿石生产逐步从手工生产的形式向集中管理的大型产业化转变。采矿者不再采矿卖给铁匠铺，他们通常都成了国家或代理商的雇工。

随着接近地表的矿石被开采出来，矿井会越挖越深，矿石也越来越难开采。最深处的矿井往往会充满水，因此需要泵送系统。所以人们会使用各种泵、链斗提升机和踏车，有时候还会和水轮一起使用。

风车磨坊

与传统的水磨一样，这些新近发明的工具巧妙地利用了自然的力量，只不过它们是利用风能让谷物的研磨变得轻松。

煅烧石灰

石灰是另一种工业上大量需要的矿物资源，用于建筑和漂洗行业（见第88页）。以前，人们只是少量开采石灰作为肥料使用，它能够改善土壤成分，中和土壤中的过多酸度，从而提高作物产量。

随着教会、大教堂、学校和行会会馆的涌现，对于生石灰的需求也迅猛增长。生石灰是制作砂浆的必要材料，通过在石灰窑中煅烧粉碎的石灰岩制作而成。

大部分的石灰窑直径在10~12英尺（3~3.7米），四周的围墙高3~4英尺（0.9~1.2米），底座上开有通风口。窑内放入柴木点燃，与石灰岩相间隔层堆叠，一直到窑的顶部。然后用草皮盖在窑口，让窑自行燃烧一至两周。

窑内温度可高达1700℉（约927℃），有时，要从窑的底部将石灰块掏出，这是一项艰巨的工作。窑会向周围散发热量和烟气，烧窑是一项让人口干舌燥的工作。另外，烟灰对鼻子和眼睛还有刺激作用，由于窒息而对身体造成伤害的事件时有发生，烧窑工人的报酬中通常会包括一夸脱（约为1.1升）的麦芽酒。

煅烧之后，仍旧热烫的石灰块会被放入水中熟化，这样便能形成农田施肥或制作砂浆所需的粉末状石灰。石灰块放入水中后的反应极其强烈，而且生石灰也是一种危险的物质，不仅会严重灼伤皮肤，而且一旦进入眼中，还会造成失明。

1. 帆板会转动制动轮。
2. 制动轮转动小齿轮。
3. 紧接着带动磨石上部。
4. 研磨谷物。
5. 磨好的面粉被装入麻袋中。

第四章　中世纪的城镇生活

右图：炼金师通过综合运用神秘主义、神学以及古希腊哲学来追寻形式的完美。炼金师的那些奇怪的仪器让人们感到害怕，他们认为炼金师是魔术师。

下图：一位药剂师的店铺正在营业，为医生和居民提供化合药品和草药制品。

炼金师

炼金术是在十字军东征时期引入欧洲的一门较新的"科学"。首批关于炼金术的文献是从阿拉伯语翻译成拉丁语的。炼金师的操作基于四种体液（详见第50-51页），它们衍生于亚里士多德的"土、气、火、水"理论。这些元素与黏液、血液、黄胆汁和黑胆汁相关联。和药剂师不同的是，炼金师使用的是奇形怪状的仪器、魔法咒语、密码般的符号和具有象征性的颜色。

对于不熟悉炼金术的人，也就是几乎对于所有人来说，炼金术是一项神秘且令人恐惧的技艺。炼金师追求道德上的尽善尽美，主要研究重心在于寻找那种传说中能够将铅变成纯金的神奇石头。

而教会则认为这是一种异教邪说，因为它否认了上帝的力量，否认了上帝才是能创造完美道德的唯一存在。因此，人们都惧怕炼金师（虽然有需要的时候他们会去向炼金师咨询），教皇也对亚里士多德的作品下了禁令。

写信人

从多个方面来讲，写信人是中世纪较为有用的新兴职业之一。一些未能完成学业的教会学校学生会在集市的角落里设立一个摊位，以自己有限的文字能力为路人提供书信代写服务，这是他们谋生的唯一出路。

他们代写的信件可能是一封给未来雇主的介绍信，可能是一位不识字的贵族给爱人的一首爱情诗歌，抑或是一位独在异乡的农民的家书（由收信地的写信人代读）。

当时并没有正式的邮政系统，但是许多商人或他们的下级职员都愿意有偿将这些信件送往另一个城镇。

左图：不识字的人们依靠写信人为他们书写信件，而传递这些信件则依靠去往各地的商人。

药剂师

大部分的城镇都会有几个药剂师，他们会在自家前屋开有一个小小的零售店铺。作为熟练的制药从业者，药剂师会研究各种草本植物和化学药品的特性，并制出具有治疗效果的软膏和饮剂，称作药物（materia medica）。然后将它们分发给公众、大夫和外科医生。

除了制药以外，药剂师还会提供全科问诊以及其他一系列服务，例如简单的外科手术和助产。

87

中世纪：生活在城堡里

国际化的羊毛贸易

尽管有更精美更具异国情调的织物从东方经由意大利传入欧洲，但中世纪最大的贸易行业是羊毛的采买和售卖。

坐落于环境潮湿的欧洲西北角处，英国可能处于大陆经济的边缘地带，但其气候却非常适合蓄养绵羊。过去的两个世纪里，拥有土地的贵族将整片橡树林都砍伐清理掉，为迅速发展的城镇建设和造船业提供木料。但清理森林还有另外一个原因：那就是扩大牧羊的草地。在欧洲，羊毛是制衣的必需品，而其主要的来源地便是英国。

清除森林

英国降水丰沛，水草鲜美，是牧羊的理想之地。因此，这个国家能够大量生产优质羊毛。但是，英国能够制作高质量布料的熟练工匠却很少且分散。他们都生活在佛兰德，那里地势低且土地湿软，不适合牧羊。

因此，大部分的英国羊毛都出口给佛兰德人，进口成品布则制作成衣和毛毯，或是尚未染色和裁剪的布匹。但是，有些商人并不想付钱给佛兰德人来做这些工作，因而英格兰能够完成羊毛生产整道工序的工厂越来越多。

这也是许多农民都迁入因羊毛贸易而兴起的城镇的主要原因。对于市民来说，他们是廉价劳动力的来源。有的农民甚至也能找到有关羊毛贸易的工作，尽管这份工作是非常不受欢迎的岗位之一。

漂洗工

用新剪下来的羊毛制成的布并不适合售卖，因为里面还有油脂和杂质，所以首先必须将布进行漂洗。漂洗是将刚制成的布放进大缸中，缸里面装满了由陈旧的尿液、熟化的石灰和漂洗工之土（铝化氧）混合而成的有毒液体。

接着，漂洗工就会站到大缸里，在布上面踩踏几个小时。桶中散发的气味让人难以忍受，而这项工作也因枯燥无聊而让人思想麻木。即便是这样，漂洗工也不能走神，因为这个漂洗过程也会使织物变硬，让布变厚。假若踩得不均匀或时间没有掌控好，整捆布可能就毁了。

这一步骤完成后，接着就会将布放进清水中漂洗，然后展开晾晒在拉幅机（tenterframe）上。一些商人会将漂洗工厂开在河边，这样既可以得到充足的清水，又可以利用水能来驱动"踩踏"的机器。

英格兰的森林已被砍伐变为草原用于牧羊，其所生产的羊毛需求量很大。

下图：漂洗工的工作又脏又累，他们将粗糙的羊毛织物加工为昂贵的布匹，最终销往欧洲各地。

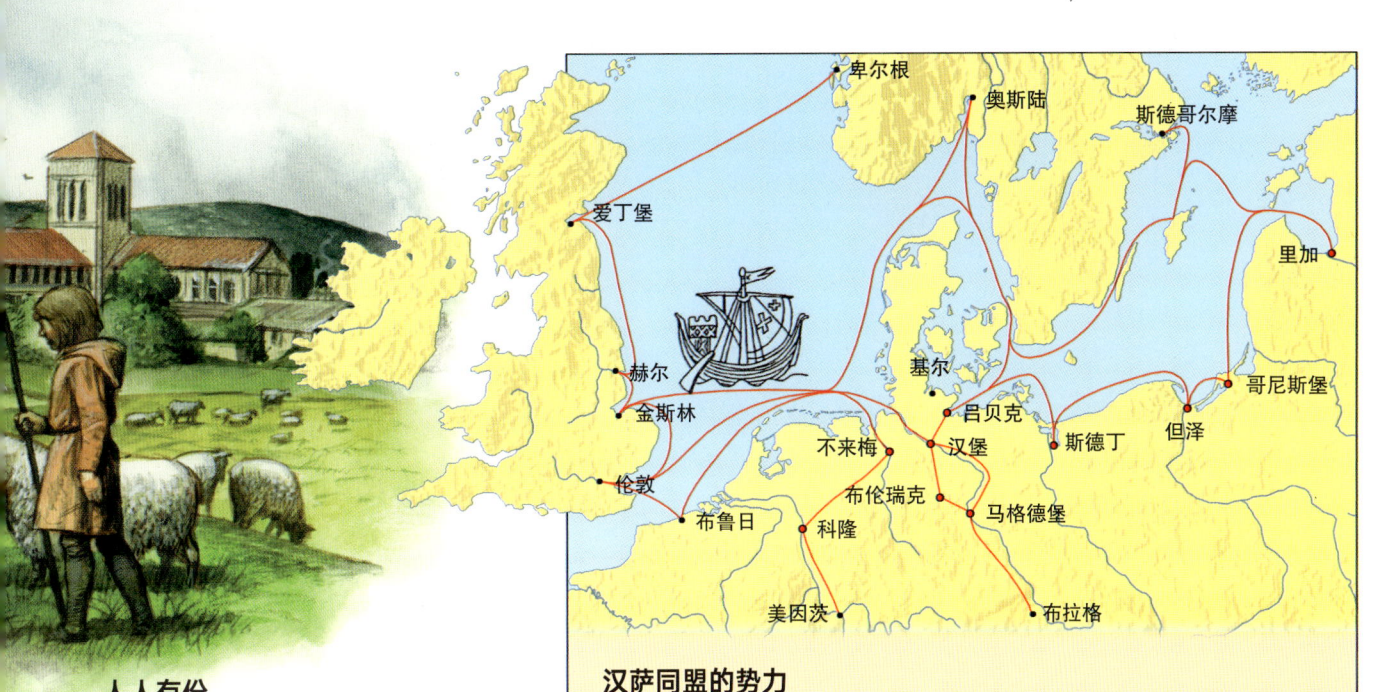

人人有份

国家也会向每一笔羊毛交易征收税款，从而在羊毛贸易中分得一杯羹。为了保证税款的征收，国王规定了几个羊毛出口的港口。其中英国最重要的港口是桑威奇，在法国是加莱。因为加莱当时受英国控制，所以在这个港口，国王对于每捆布料既征收进口税又征收出口税。

在整个英格兰的南部和中部，由羊毛贸易而带来的财富使得城镇不断扩张。教会则因为增长的什一税而变得富有，许多小城镇的教会教堂都扩建得像大教堂一般。

汉萨同盟的势力

虽然没有大规模地参与到羊毛贸易中，但汉萨同盟也是欧洲布料进出口中的主要参与方之一。汉萨同盟在12世纪初形成于汉堡和吕贝克的北方城镇。

汉萨同盟收入的主要来源是人们对于鱼的大量需求，鱼在基督教饮食中占很大一部分。因为鱼类很难保鲜，所以就需要将其用盐腌制。吕贝克能够捕捞到波罗的海的鱼，但却没有盐；而汉堡则没有鱼（北海不适合工业捕捞），但却有大量基尔附近大型盐矿所生产的盐。

在这样的背景下，汉萨同盟一直发展到了德国北部和波罗的海各国的大部分城市。与其说它是一个城市联盟，不如说是一个由城市商会组成的国际性行会。因此，这一联盟的商船舰队发展成为欧洲最大的舰队。

大部分北欧国家的国王都授权汉萨同盟可以在这些国家主要的城市和港口派遣代理人。代理人的权力很大，因为汉萨同盟实际上垄断了很多商品的运输和售卖，如盐、鲱鱼、谷物、木材、蜂蜜、琥珀、船只必需品以及其他一些大宗商品。而在英国、法国和佛兰德的代理人在利润丰厚的羊毛贸易中也有可观的分成，这都得益于汉萨船队的数量优势以及新型船只，即波罗的海船只的上乘质量（见第93页）。

艰辛的旅程

随着乡村发展成为城镇，再发展为城市，贸易，这一商人市民的立身之本，非常需要良好的交通设施，但是中世纪的道路情况却很差。

在中世纪，旅行是一件耗时、令人不舒服且充满危险的事情。罗马时期铺砌的几条路早已破败不堪，而大部分的道路还只是土路，下雨时就会变成泥河。路上的坑洼、泥泞和塌陷使得旅途的行进只能靠步行、骑马，或由牛、马、驴，更多时候是人所拉动的轻型两轮推车。

当需要出远门的时候，大多数人选择步行。马匹很昂贵，只有富人才买得起。即便是骑马，在天气晴朗、地面干燥的情况下，一天下来也只能走大约20英里（约32千米）。

站住，交出钱来！

一些小村庄和城镇之间的旷野地区是不法之徒，也就是逃犯的聚集地。这些人或单独行动，或团伙作案，突袭毫无防备的行人，并大肆抢劫和掠杀。因此，也难怪一般人很少四处走动，甚至有的人一生不会走出距离其出生地几千米以外的地方。

土路上最多的人是行动方便且带着自己的武装扈从的贵族，一大群足以与劫匪抗衡的朝圣者以及商人。商人们通常结成互相保护的商队出行。即使这样，大部分人出行通常都会选择河运或海运，而非漫长又危险的陆路。

旅行的代价

由于路况的恶化和在黎明或黄昏遭遇劫匪的巨大潜在危险,很少有人会在昏暗多雨的冬季赶路。同样,只有很着急或者自信武装周全的人才会在晚上走大道赶路。

由于质量不怎么样的推车在压满车辙的道路上耐磨性很差,人们觉得最好的交通方式是驮马或骡子。因为一只牲畜所能负担的货物重量相对较少,所以往往能看到好几只牲畜被拴成一列,沿路缓缓前行。

商人们会尽量避开比较好走的大道,因为每次他们遇到一座桥或者十字路口的时候,那里一定会有一个当地领主向他们收取过路费,这样就会增加商品的成本。但另一方面,小道也可能被劫匪所占领。

为牲畜而开的路

沿着乡村的山脊,有一个另类的道路系统。这些道路不会用于一般的跨地区旅行。它们被称为"驱赶路",传统上是用来驱赶牲畜去市场而建的道路。

这些道路的路线一般都靠近山丘顶部,这使得赶畜者能够清楚地看到前进的方向,同时也使得牛羊群远离更为拥挤的山谷。驱赶路上有广阔的草地被树篱隔离出来,这样当夜晚在中途休息时,牛群或羊群可以吃草。

河运

国际贸易的增长带动了新港口的建设,也推动了旧港口的扩建。大部分港口都建在河口处,这样可以使驳船驶入内陆。河运要比陆运高效。少数几个人便能操纵一艘驳船,其载货量是货运马车或驮畜队的20~30倍。而且因为有涌流的作用,去往海洋的速度也很快。

驳船到达河口后,也很容易就能停靠在发往海洋的货船旁边。因此,欧洲港口成为贸易重镇也不足为奇。曾经船舰上运送海盐的船员,如今已拥有了船运公司,他们正在迅速转变为新兴的航海业中产阶级。

旅行者们沿着以前古罗马所建道路行进,路上只残存了一些铺路石板(左前方)。这些旅行者们要前往远方的城镇(右方)。而在城镇的另一端,可以看到大海。在下面的山谷中,河流中的船载着要运出国的货物驶向港口。在山丘的顶部(左后方),牲畜沿着驱赶路被赶向城镇的集市。

最左图:一位不幸独自赶路的旅人遇上突袭的拦路劫匪,旅人选择交出他的钱而不是性命。

中世纪港口

港口的主要作用从它的名字便可以看出来。港口（port）一词来源于古法语-拉丁词汇，意为"出入口"或"大门入口"。国王的税收和商人的利润都是通过这些出入口流入的。

右图：水手用星盘来测算航船所处的纬度。

港口是商贸的重心，是财富的中心，也是一个国家的国防重地。所以，很少有港口不在王室的控制之内。

在国王授予特许状后，港口能够大规模地扩张，甚至影响到周边的地区，包括其他的城镇和村庄。因此，港口的市民必须承担巨大的财政负担，以确保港口有足够大的防御规模和配备适当的人员。

最好的港湾是有天然海盆和能抵御恶劣天气的海岬，或者是位于河口处的港口，比如伦敦、布里斯托尔、鲁昂、勒阿弗尔和汉堡。不管港口在哪儿，那些由巨大的木桩支起的码头总会是日常繁忙之地，船主们在那里等待着赶下一波浪潮启航。

找寻航路

很少有船会长期航行，因为人们认为地球是平的，任何一位冒险航行到离陆地太远地方的船员可能会驶过边界进入无边际的虚空中。

中世纪的导航技术并不发达，除了一个简陋的罗盘或可能还有一个星盘之外，没有

上图：在一个繁忙的北欧港口，人们正在从海船上卸货。除人力搬运之外，人们还使用踏轮起重机，这是在船运领域技术进步的象征之一。

其他任何导航工具。因此,大部分的航船都是在海岸线附近行进,并且按照《海洋之书》中的指南,根据海岬的轮廓以及这些地方的水深来判断方向的。

这意味着北欧的众多港口之间是相通的,就和地中海地区的港口一样。但是这两个地区之间并无海运贸易往来,来自意大利的货物一般会走陆路,那里的路更好走一些。

不过商人们还是会从很远的地方带回许多奢侈品来。有来自非洲的奴隶、糖、黄金、象牙和珍贵宝石;来自亚洲的丝绸、毛皮、地毯,还有胡椒、肉桂和肉豆蔻等珍贵香料。这些异域珍物从世界的另一端沿着传说中的丝绸之路和香料之路到达地中海东部的海港。

威尼斯商人和他的竞争对手热那亚人则主导着地中海东部的商贸,他们运输的货物包括大米、棉花、香水、镜子、柠檬和瓜类。而汉萨同盟则依靠由新型载货柯克船(cog)组成的大型舰队控制着北海及波罗的海沿海地区。

大型运输工具

波罗的海柯克船是一种高度专业化的载货航船。其前身是维京人所使用的克诺尔(knorr)型轮船,虽然有高度的适航性,但载货重量却有限。新型海船的载货量可达其载货量的20倍。海船的构造运用的是叠接式构造法,即连续而相互重叠的木板固定在多个十字形交叉框架上,船的底部是平的,船体中间安装有船尾舵。相比于克诺尔型船只传统的大桨,船尾舵对于船只有更强的控制力。

海船上可安装能拆卸的龙骨,上面竖起装有方形船帆的桅杆。由于这种海船的底部是平的,所以很适合在浅水中行驶,也可以很容易地到达大多数内河港口。

巨大的损失风险

商人们和开船的海员们冒着很大的风险,海上的风暴一直都是恐怖的,而海盗也是真实存在的。如果海员们遭遇海难,他们获救的希望很小。大部分国家的航海法律规定,所有从失事船只上找到的东西都属于找到的人,除非船上还有幸存者,所以确保船上没有人生还是这些找东西的人喜闻乐见的事情。

鉴于在运送货物的过程中存在的危险,商人们通常会结成伙伴关系,每个人都在货物或船上入股。这样,他们的投资分散在好几批货物上,货物分装在好几条船上,遭受巨大损失的风险就降低了。在所有的港口都能找到这些合作伙伴们开会的地方。

新视野,新世界

尽管出海有风险有代价,但有些商人,尤其是西班牙和葡萄牙的商人,仍然渴望他们的船主冒大风险去往之前从未到过的远方。那些沿着非洲西海岸开始向南探索的人不断发现新的市场和许多新奇的事物。他们在为未来的水手们开路,帮助人们越过世界的边界,去往美洲,甚至远到传说中的中国和日本。

附录
术语表

安茹王朝：源于法国西南部安茹省，又名金雀花王朝。其中，杰弗里四世于1144年攻取了诺曼底。

星盘：一种盘状导航装置，可能由公元前2世纪的希腊人发明，它的指针能够从船只的当前位置测量星体的角度。如果知道日期和时间，就可以计算出船只所处位置的纬度和经度。

城堡外庭：围绕城堡的庭院或封闭区域，由沟渠和栅栏围成。

床弩：用来攻击城堡的大型弩。

蛮族规定：解决纠纷的方法，包括被告说服他人宣誓其无罪（宣誓断讼法）、神断法或通过决斗裁决。

盾头：铆接在盾牌中央的圆形或锥形金属块，有时带有装饰。

男市民，市民：一个城镇的男性中产阶级居民，从事商人的工作。

宣圣：(通常为)教皇因某人在世时的善行和圣洁而追封其为圣徒的过程。

牧师会礼堂：修道院、教堂或大教堂的会议厅，有时是一座单独的建筑。

骑士制度：源自法语词"cheval"，意为"马"，指中世纪骑士应该遵循的行为准则。

柯克船：与上一代克诺尔型的轮船相比，一种操作性和载货能力更高的船。

小农场：由佃农耕种的一小块地，佃农通过每周抽出部分时间为地主工作来换取租地。

幕墙：构成城堡外部防御的高大石墙，墙上有更高且突出的壁式塔楼用以防御。

军马：骑士的战马，源自拉丁文"dexter"，或称为"右边的"，因为骑士的侍从用右手牵马。

城堡主楼：位于城堡中心的防御塔，也称塔楼，是地牢一词的词源。

紧身上衣：一种贴身的束腰上衣，底部像裙子一样，有时没有袖子。下身经常搭配紧身裤（连裤袜或长筒袜）。

封地，采邑：某人所拥有的庄园或一块地，以其对上级的效忠换取而得。

亚麻：一种草本植物，其纤维被用于织布。

法兰克人：自公元3世纪起就遍布西欧的日耳曼人，他们主导了神圣罗马帝国的建立。法国和德国的法兰克尼亚地区就是以法兰克人命名的。

漂洗工：在羊毛或布制成衣服之前对其进行清洁和处理的人。

耙：在犁过土地且播散完种子之后，人们用耙将土覆盖到种子上。

汉宁帽：女士所戴的一种心形或圆锥形高帽，也被称作尖塔头饰。

百户邑：由十家区组成的群组，包括100户人家及其所占有的土地。

赎罪券：向教会购买赎罪券的人被认为是无罪的，他们从而可以避免死后进入炼狱。

熟练工：一个行业中合格的成员。手艺更熟练的人会成为师傅，他们可以教学徒并雇佣熟练工人。

雇佣步兵（尤指德国长矛兵）：来自德国的雇佣步兵，手持长矛或戟（末端有金属刀片或尖刺的长杆）。

伦巴第人：公元568年入侵意大利并建立了伦巴第王国的日耳曼人。当伦巴第人在8世纪威胁到罗马时，教皇召集了法兰克人进行支援。查理曼大帝（约768—814年在位）于774年征服了伦巴第。

垛口：在城堡墙壁顶端，由托臂支撑的突出廊道。上面有洞，从中可以投掷物体到攀爬城墙的敌人身上。

中世纪的：来自中世纪的，通常指800至1450年间。

(城堡)土山：城堡或城堡主楼所在的隆起的土丘，周围至少有一个城堡外庭。

诺曼人：又称北方人或北欧人。北欧海盗，他们在公元9至10世纪袭击了欧洲海岸，建立了诺曼底公国，从此定居于意大利南部和西西里岛，并于1066年征服了英格兰。

栅栏：围在城堡周围的木栅栏，通常在围着城堡外庭挖防御沟时筑成的土堤上。后来城堡周围建造了幕墙。

炼狱：据说是人死后为生前的罪恶经受磨难的地方，在被净化掉罪恶之后，他们才能进入天堂。

地方长官：领主庄园或封地的守护者或管理者。

文艺复兴：意为重生，即15至16世纪欧洲历史上艺术、文化、科学和银行业发展的时期，始于意大利，后蔓延至整个欧洲。

撒克逊人：来自日德兰半岛的日耳曼人。公元3至4世纪袭击了北海并定居在高卢（法国），但法兰克人在5世纪把他们赶走了。之后一些人去了英国，成了那里的主要种族；而另一些人则在其家乡附近建立了撒克逊公国，继续和法兰克人战斗。

兵役免除税：如果一个骑士能够向他的领主缴纳兵役免除税，他就不必为领主出征。

农奴：封建制度下的农民，他们必须在特定的封地上劳作以换取庇身之处或战争时期骑士的保护。农奴被认为是封地所有者的财产。

郡：由百户邑组成的群组，他们占据的土地面积相当于一块封地。管理郡的人叫作郡长官或者郡长。

日光房：城堡中领主及其夫人居住的卧室。

骑士扈从：起初是作为学习骑士服务于领主的年轻贵族，14岁成为骑士扈从，并希望在21岁时成为骑士。

禁奢法：限制一个人穿衣风格的法律。

什一税：占农民收入的十分之一，以谷物、牲畜或农产品的形式向当地教会所缴纳的税。

十家区：由十个当地家庭组成的团体。

投石机：一种巨大的石弩，使用时配重物来辅助抛杆。

封臣：在封建制度中，因对领主忠诚而被授予封地的人。

本地语：一个国家或地区的母语。

佃农：法语词，意为乡村居民，是农奴的另一种说法。

抹灰篱笆墙：一种建筑形式，粗灰泥被涂抹在树枝框架上后成为一种墙壁。

头巾：包在女人头上的一块布或围巾，末端系在下巴处。

风选：一种收割过程，在此过程中，轻的谷壳或外皮被风吹走，从而与谷物分离。

自耕农：拥有小农场的人，在等级制度中的地位处于农奴和骑士、贵族之间。在战争中，自耕农作为步兵参战。

图书在版编目（CIP）数据

中世纪：生活在城堡里／（英）诺曼·班克罗夫特·亨特编；马成艺译．—上海：上海科学技术文献出版社，2024
ISBN 978-7-5439-9043-2

Ⅰ．①中… Ⅱ．①诺…②马… Ⅲ．①文化史—研究—欧洲—中世纪 Ⅳ．①K503

中国国家版本馆CIP数据核字（2024）第074841号

LIVING IN THE MIDDLE AGES

Text and design © 2009 Thalamus Publishing

Copyright in the Chinese language translation (Simplified character rights only) © 2024 Shanghai Scientific & Technological Literature Press

All Rights Reserved
版权所有，翻印必究

图字：09-2020-500

责任编辑：李 莺 付婷婷
封面设计：留白文化

中世纪：生活在城堡里
ZHONGSHIJI: SHENGHUO ZAI CHENGBAO LI
[英]诺曼·班克罗夫特·亨特 编 马成艺 译
出版发行：上海科学技术文献出版社
地　　址：上海市淮海中路1329号4楼
邮政编码：200031
经　　销：全国新华书店
印　　刷：商务印书馆上海印刷有限公司
开　　本：889mm×1194mm　1/16
印　　张：6
版　　次：2024年1月第1版　2024年1月第1次印刷
书　　号：ISBN 978-7-5439-9043-2
定　　价：68.00元
http://www.sstlp.com